Emil Bessels

196 Tage auf treibender Eisscholle

e-artnow 2018

Leseempfehlungen (als Print & e-Book von e-artnow erhältlich)

Johanna Schopenhauer
Ausflucht an den Rhein und dessen nächste Umgebungen - Im Sommer des
ersten friedlichen Jahres

Johanna Schopenhauer
Ausflug an den Niederrhein und nach Belgien im Jahr 1828

Madame (Anne-Louise-Germaine) de Staël
Über Deutschland (De l'Allemagne)

Johann Wolfgang von Goethe
Italienische Reise (Ein Reisetagebuch)

Theodor Fontane
Wanderungen durch die Mark BrandenburgBand 1 bis 5: Die Grafschaft
Ruppin, Das Oderland, Havelland, Spreeland& Fünf Schlösser

Stefan Zweig
Reisen in Europa

Theodor Fontane
Auf Theodor Fontanes Wegen - Kulturhistorische Beschreibungen und Reisetagebücher: Wanderungen durch die Mark Brandenburg + Jenseit des Tweed + Ein Sommer in London

Robert Louis Stevenson
In der Südsee

Friedrich Gerstäcker
Südamerika

Gerhard Rohlfs
Quer durch Afrika

Emil Bessels

196 Tage auf treibender Eisscholle

Auszug aus: Die amerikanische Nordpolexpedition

e-artnow, 2018
ISBN 978-80-273-1015-9

Vorwort

Am 29. Juni 1871 stach das Schiff » *Polaris*« von New York unter Kapitän Franz C. Hall in See zur Erforschung des Hochnordens. Der Dampfer nahm seinen Weg über Neufundland an der Westküste Grönlands entlang durch den Smith-Sund und überwinterte in einer Bucht dieser Küste, die Hall »Polaris-Bay« taufte. Dort wurde ein Observatorium errichtet, und von dort aus unternahm man Schlittenreisen nach Süden und Norden. Hall starb nach Rückkehr von einer solchen Fahrt am 8. November 1871. Im August 1872 mußte infolge Kohlenmangels und eines Lecks die Heimfahrt angetreten werden. Am 15. Oktober erlitt die »Polaris« Schiffbruch. Ein Teil der Besatzung, 14 Mann, blieb beim Wrack zurück und baute eine Hütte, »Polaris-Haus«, für den Winter; der andere Teil wurde von einem Eisfelde nach Süden getrieben, auf das man in der Voraussicht des Schiffbruches schon eine Nothütte, alle Boote, viele Geräte, Waffen und Proviant für die gesamte Mannschaft gebracht hatte. Auf der Scholle befanden sich der Meteorologe Friedrich Meyer, der Navigationsgehilfe Tyson, der Koch, der Steward, sechs Matrosen und zwei Eskimofamilien, bestehend aus zwei Männern, Hans und Joseph, zwei Frauen, drei Mädchen im Alter von drei, acht und zehn Jahren, einem sechsjährigen und einem am 12. August geborenen Knaben.

Das Nachstehende ist dem Werk: » *Die amerikanische Nordpol-Expedition*« von *Emil Bessels* (Leipzig 1879) entnommen, der sich als Arzt und als Leiter der wissenschaftlichen Abteilung an dieser Expedition beteiligte. Er starb 1888 in Stuttgart.

Über das Schicksal der nach dem Schiffbruch beim Wrack der »Polaris« verbliebenen Besatzung berichtet Band 18 von » *Voigtländers Volksbüchern*«: » *Schiffbruch der ›Polaris‹*«.

Erwin C. Banck.

196 Tage auf treibender Eisscholle

Während Anfang Mai 1873 im »Polaris-Hause« die Vorbereitungen unserer Heimkehr ihrem Ende entgegen gingen, durchlief alle zivilisierten Lande die Nachricht, daß eine kleine Schar Schiffbrüchiger, in Lumpen gehüllt und dem Hungertode nahe, die Hauptstadt Neufundlands erreicht hätte.

Diese Unglücklichen waren die neunzehn, welche in jener verhängnisvollen Oktobernacht, als die »Polaris« an der Ostküste des Smith-Sundes in Trümmer ging, von uns getrennt wurden.

Unter den Schrecken und Qualen eines Dantischen Höllenringes verlebten sie Wochen und Monate, auf gebrechlichen Eisschollen treibend, von der Finsternis einer arktischen Nacht umfangen, mit dem dreifachen Tode ringend; dem Erfrieren, Verhungern und Ertrinken preisgegeben. Der Sieg mußte teuer erkauft werden, und endlos erschien die Zeit, bis er endlich erkämpft war.

Schlimmer als an Bord des Wracks sah es in jener Nacht, als die Katastrophe hereinbrach, auf dem Eise aus. Auf einem sinkenden Schiffe wurden wir von dem entfesselten Sturme über die hochgehenden Wellen gejagt; von Minute zu Minute mehrte sich der Wasserschwall, der unaufhaltsam sich durch das große Leck ergoß; allein wir besaßen wenigstens Licht und konnten die armseligen Mittel in Anwendung bringen, die Rettung zu verheißen schienen. Doch die anderen, welche auf dem trügerischen Eise Schutz gesucht hatten, umhüllte tiefes Dunkel.

Dichte Schneeschleier, von dem wütenden Orkane aufgewirbelt, umwogten sie in wildem, stürmischem Reigen. Kaum imstande, die Augen zu öffnen oder Atem zu holen, durften sie weder vorwärts noch rückwärts schreiten auf der krachenden Scholle, die bald hinabgeschleudert wurde in die Tiefe eines Wellentales, bald von Wogenkamm zu Wogenkamm geworfen – umtost und umbrandet von dem empörten Meere.

Allmählich legte sich der Wind, das Schneetreiben ließ nach, und das Licht des Mondes beleuchtete vorübergehend die Szene der Verheerung. Erst jetzt ließ die Scholle sich überblicken. Das Bruchstück war nahezu rund und mochte im Umfang etwa vier Seemeilen messen. Dicht am Wasser lagen, in Felle gehüllt, die schreienden Kinder; daneben kauerten jammernd die Mütter, vor Verzweiflung die Hände ringend. Hier und dort zerstreut zeigten sich andere Gruppen. Auf einem abgelösten Eisstück, kaum groß genug, darauf Fuß zu fassen, standen mehrere dunkle Gestalten, welche zu den andern flehten, ihnen Hilfe zu leisten.

Noch waren die Boote unversehrt. Tyson machte den kleinen Fahrkahn flott. Als er eben abstoßen wollte, schlug eine hohe Sturzwelle über ihm zusammen. Der Nachen füllte sich und sank; dem Ruderer blieb kaum Zeit, auf die Scholle zurückzuspringen. Erfolgreicher war der Versuch mit einem der großen Walboote, welches den Koch sowie zwei Matrosen erlöste und zu den übrigen brachte. Alsdann wurden die beiden Schaluppen nach der Mitte der Scholle gezogen, woselbst die Leute sich niederlegten. Doch niemand vermochte zu schlafen.

Als am 16. Oktober der trübe Tag zu dämmern begann, erstiegen sie einen der zahlreichen Eishöcker, mit welchen die Scholle besetzt war. Nach allen Himmelsgegenden schweiften die suchenden Augen – allein von dem Fahrzeuge war nirgends eine Spur zu erblicken. Verschwunden war die Nothütte, verschwunden die Kisten, Fässer und Ballen, welche den Proviant enthielten. Nur etwas Pemmikan (getrocknetes, in Streifen geschnittenes und mit Maismehl bestreutes Fleisch) und Zwieback barg die Scholle – und neunzehn hungrige Menschen, die vor Frost zitterten.

Nach dem Ufer zogen sich einige Wasserstraßen. Diese zu erreichen, mußte als die erste Aufgabe gelten. Die Position der Scholle war noch unbekannt.

Nachdem die Leute etwas Nahrung zu sich genommen hatten, schleppten sie die Boote nach der Richtung, wo das offene Wasser sich zeigte. Nur mit Mühe und großem Zeitaufwand konnten sie kurze Strecken zurücklegen. Als sie das Fahrwasser erreichten, war es 9 Uhr geworden. Sie waren kaum eine Meile gefahren, als das Eis sich schloß. Die Boote mußten auf eine sichere Stelle gezogen werden, um sie vor den Pressungen zu schützen. Ein so rasches Ende der Fahrt hatte niemand erwartet; statt besser zu werden, hatte die Lage sich verschlimmert; man konnte nun weder das Ufer erreichen, noch zu der Scholle zurückkehren, die man vor einigen Stunden verlassen hatte.

Mit der Strömung trieben hohe Eisberge. Durch das wilde Schieben und Drängen wurde die Scholle gehoben, auf welcher die neunzehn lagerten; und als sie schwer zurücksank, wichen die sie umgebenden Trümmer. Noch eine kleine Schwankung – und sie bewegte sich kreisend dem Lande zu.

Hinter einem Vorsprung der Küste zeigte sich plötzlich das Schiff. Um dessen Aufmerksamkeit zu erregen, hißten sie die Flagge und eine schwarze Gummidecke. Ein leichter Nordwind entfaltete beide Signale. Aber an Bord schien diese niemand zu beachten; richtig verfolgte das Schiff den eingeschlagenen Kurs. Dem schwarzen Schlot entquollen dichte Rauchwolken, – es wurden Segel gesetzt, – das Fahrzeug wendete bald nach rechts, bald nach links und verschwand darauf ebenso plötzlich, wie es erschienen war.

Einige der Matrosen machten nun den Versuch, nach ihrer alten Scholle zurückzukehren. Unterwegs gewahrten sie das Schiff, welches mit gerefften Segeln, scheinbar festgemacht, hinter einer Insel lag, welche einige für *Northumberland*, andere dagegen für *Littleton* hielten. In ihrem Unwillen glaubten sie, das Fahrzeug wollte ihnen nicht zu Hilfe kommen, und fingen an zu murren und Verwünschungen auszustoßen.

Hätten sie ahnen können, wie ängstlich wir nach ihnen ausschauten, ohne ihre Spur zu entdecken, so würden sie sicher einen zweiten Versuch gemacht haben, um unsere Aufmerksamkeit durch Flaggen oder andere Signale zu erregen. Allein ihre Unzufriedenheit ließ solche Gedanken nicht Raum finden; da sie Rauchwolken bemerkt hatten, mußte ihrer Ansicht nach das Schiff noch seetüchtig sein. In Wirklichkeit aber war dasselbe ein hilfloses Wrack, dessen Besatzung nur mit knapper Not dem Verderben entronnen war.

Die Scholle, auf welcher die neunzehn sich befanden, hatte, zwischen unbeweglichen Eistrümmern festgehalten, ihre Lage kaum geändert. Nun begann sie wieder zu treiben. Wollte man noch einen Versuch machen, das Fahrzeug zu erreichen, so mußte dies ohne Aufschub geschehen. Einige Wasserstraßen, die sich nach Norden zogen, schienen Erfolg zu verheißen; allein ehe man ihnen nahe kam, waren sie wieder geschlossen. Im Laufe des Nachmittags erfolgten noch mehrere nutzlose Versuche, wobei einige der Leute ins Wasser gerieten.

Ermüdet, kalt und hungrig legten sie sich, als der kurze Tag zu Ende ging, auf der höchsten Stelle ihrer Scholle nieder. Es begann heftig zu wehen, und zu dem Wind gesellte sich ein starker Schneefall; die See war in wildem Aufruhr und die Finsternis undurchdringlich. Kurz vor Tagesanbruch wurden die Schläfer durch einen lauten Krach geweckt. Sie rafften sich auf, allein der Dunkelheit wegen konnten sie die Ursache des Geräusches nicht erkennen. Nur zu bald machten sie die Erfahrung, daß die Scholle geborsten war; auf einem der Bruchstücke trieb das zweite Walboot hinaus in die Nacht. Ehe sie versuchen konnten, dasselbe zu retten, hatte es sich ihren Blicken entzogen.

Als es zu tagen begann, war alle Hoffnung geschwunden, das Schiff je wieder zu erreichen. Der Nordoststurm war zum Orkane geworden. Zischend brachen sich die weißgekrönten Wogen an den Feldern und Schollen, welche sich unter der Wucht der Dünung zerteilt hatten und breite Wasserstraßen zwischen sich ließen. Eine Sturzsee folgte der andern; krachend lösten sich geborstene Eisnadeln von den Rändern der Scholle, deren Umfang gegen Mittag um die Hälfte verringert war. Noch ließ das Unwetter nicht nach. Wütend toste die Brandung um das unheimliche Floß und arbeitete unablässig an dessen Zerstörung. Als die Nacht hereinbrach, war dasselbe so klein geworden, daß es die Schiffbrüchigen kaum mehr zu beherbergen vermochte. Doch der Sturm nahm ab, und man atmete wieder freier. An Schlaf war jedoch nicht zu denken: denn wer sich niedergelegt hätte, wäre in Gefahr geraten, hinweggespült zu werden. Alle hielten sich an dem Boote fest.

Lange dauerte es, ehe der kommende Tag hellte. Dichte Nebel lagerten um den Horizont und verschleierten den matten Dämmerungsbogen. Joseph und Hans waren so glücklich, zwei kleine Seehunde zu erlegen, die mit Heißhunger verschlungen wurden. Eines der Felle wurde in Streifen geschnitten und den Hunden überlassen, welche seit der Trennung von dem Schiffe keine Nahrung erhalten hatten. Als der Nebel stieg, kam Land in Sicht. Nach dem Ufer zog sich eine flimmernde Jungeisdecke, über die man unmöglich schreiten konnte; der Aufenthalt auf der Scholle aber wurde mit jeder Stunde bedenklicher.

Erst am 21. gelang es, nach einem größeren Felde überzusiedeln, in dessen Nähe die Scholle getrieben war; bei dieser Gelegenheit entdeckte Joseph das andere Walboot, welches vor einigen Tagen verloren gegangen und das man nun wieder erlangte. Die Eingeborenen errichteten drei Schneehütten. In der geräumigsten fand die Mannschaft ein Unterkommen, eine andere diente Hans und dessen Familie als Obdach; und eine Doppelhütte, nur durch eine Schneewand geschieden, aber mit einem gemeinsamen Eingang versehen, wurde von Tyson und Meyer, sowie von Joseph, Frau Hanne und dem kleinen Pannik bezogen.

Während der beiden folgenden Tage wehte es fast unablässig aus Südosten. Dennoch begab sich Joseph am 23. auf die Seehundsjagd. Er kam nicht zu Schuß, allein er erspähte ein Bruchstück des alten Eisfeldes mit der Nothütte. Dasselbe war etwa drei Meilen von dem Lager entfernt.

Infolge des Nahrungsmangels war eine allgemeine Entkräftung eingetreten und der heruntergekommene Zustand der Mannschaft machte einen beschwerlichen Marsch, wie den nach der Hütte, fast zur Unmöglichkeit. Mit Ausnahme der Weiber und Kinder erhielt daher jeder eine doppelte Ration; die Hunde wurden mit der übrig gebliebenen Seehundshaut gefüttert, und bald darauf war man unterwegs nach dem Felde.

Die Bewältigung der ersten Meile beanspruchte mehr als eine Stunde. Die Bahn führte bald über Jungeisdecken, welche so dünn waren, daß sie unter den Tritten sich bogen; bald mußten hohe Barrieren wild durcheinandergeworfener Eistrümmer erklommen werden; oder es galt breite Spalten zu überqueren, wobei die Hunde viel Aufenthalt verursachten. Später ging es besser und man erreichte nach einem beschwerlichen Marsche das Feld. Außer der Hütte war alles unter seinem Flugschnee begraben, der eilig hinweggeräumt wurde. Das Boot und der Proviant zeigten sich in bester Ordnung; nur einige der Pemmikanbüchsen waren von den Hunden angenagt und ihres Inhaltes beraubt worden.

Zunächst säuberte die Mannschaft das Boot und bepackte dasselbe; dann wurden die Hunde vorgespannt und man trat den Rückweg an nach dem Lager. Am folgenden Tage wurde die Arbeit fortgesetzt. Der Frost hatte die Eisdecke verstärkt, so daß man einen kürzeren Weg einschlagen und die Nothütte in etwa einer Stunde erreichen konnte. Die Eingeborenen beluden sich mit ihren Kajaks (Eskimo-Lederboote für einen Mann), welche sie mit zerstreut umherliegenden Kleinigkeiten füllten, und die Matrosen entfernten das steif gefrorene Zeltdach der Hütte, aus deren Pfählen sie einen rohen Schlitten zusammenfügten. Auf diese Weise konnten sie bedeutende Lasten nach dem Lager bringen. Robert und Wilhelm, die schwer bepackt waren, brachen auf dem Rückwege durch eine Spalte, welche nur von einer dünnen Eisschicht bedeckt war. Halb erstarrt wurden sie aufs Trockene gezogen. Ihre Ladung wurde auf den Schlitten gelegt, und sie selbst erreichten im Dauerlauf, ohne weiteren Unfall, das Lager.

Durch diese Expedition war man in den Besitz einer Menge wertvoller Gegenstände gelangt. Man hatte einen Bootkompaß, sowie einen Sextanten gefunden und war dadurch einer peinlichen Verlegenheit enthoben.

Auf dem Felde war nichts weiter zurückgeblieben als eine Anzahl Planken und Pfähle, ein Teil des Zeltdaches, sowie mehrere Säcke mit Kohlen. Während der Nacht wurde der rohe Schlitten verstärkt; am folgenden Tage sollte der Rest der Ladung herbeigeholt werden.

Da jedoch schwere Nebel einfielen, war es nicht möglich, diesen Vorsatz auszuführen. Man war genötigt, in den Hütten oder in beim Nähe zu bleiben, und diese erzwungene Muße wurde dazu benutzt, die Gewölbe etwas wohnlicher einzurichten. Aus den Planken wurden Fußböden hergestellt; das Segeltuch diente als Tapete, um die Räume auszukleiden. Die Eingeborenen erbauten noch ein kleines Nebengemach, welches als Küche benutzt werden sollte, zu deren Herd ein großer silberner Hohlspiegel ausersehen war.

Nachdem man alles nach dem Lager gebracht hatte, wurde ein Verzeichnis des Proviants angefertigt. Der ganze Vorrat beschränkte sich auf 14 Kannen Pemmikan; auf 10 Dutzend Büchsen Fleisch und Suppen, auf 14 Schinken, 1 Kanne Äpfel, auf etwa 20 Pfund Kakao, sowie auf 11 Säcke Hartbrot: zusammen ungefähr 800 Pfund.

Vierzehn Erwachsene und fünf Kinder besaßen also höchstens achthundert Pfund Nahrung. Ein langer und kalter Winter stand ihnen bevor, und die Eingeborenen waren sich wohl bewußt, daß es nicht möglich sein würde, zur Zeit der Finsternis mit Erfolg zu jagen. Das Brennmaterial beschränkte sich fast lediglich auf die beiden Säcke Kohlen; aber da es an einer geeigneten Feuerstätte mangelte, so konnten dieselben nicht ernstlich in Betracht kommen; der silberne Hohlspiegel hatte dem Zweck, zu dem er bestimmt gewesen, trefflich gedient; doch als Ofen war er durchaus untauglich. Wann es gelingen würde, das Ufer zu erreichen, ließ sich nicht bestimmen. Bei der äußersten Sparsamkeit konnte der Proviant nur auf wenige Monate ausreichen; das Feuerungsmaterial aber – selbst bei den bescheidensten Ansprüchen – kaum eine Woche. Man beschloß aber, täglich nur zwei Mahlzeiten einzunehmen; und um bei dem Verteilen der schmalen Rationen allen gerecht zu werden, verfertigte Meyer eine rohe hölzerne Wage und Gewichte aus Jagdblei.

Die Position der Scholle astronomisch festzulegen, war seither nicht möglich gewesen. Die letztere mußte jedoch, seit man das Schiff aus Sicht verloren hatte, bedeutend nach Süden getrieben sein: denn am 27. Oktober erschien der obere Sonnenrand über dem Horizont, während zuvor zur Mittagszeit nur Dämmerung geherrscht hatte. Im Osten, in einer Entfernung von etwa vierzig Meilen, stiegen die bekannten Umrisse der *Northumberland-Insel* auf und etwas südlich von dieser, in blauen Duft gehüllt, erschienen die Klippen von *Hakluyt*. Eine dunkle Wasserstraße zog sich nach Westen; Joseph und Hans folgten ihrer Richtung um nach Robben zu sehen. Bei hereinbrechender Nacht kehrten sie zurück – aber mit leeren Händen. Während der beiden folgenden Tage war ihnen das Jagdglück nicht günstiger; erst am 30. kam Hans auf einen kleinen Seehund zu Schuß.

Mittlerweile hatte die Scholle sich dem Ufer wieder so weit genähert, daß in den Herzen der Schiffbrüchigen nochmals ein schwacher Hoffnungstrahl leuchtete. Die Küste lag fast greifbar nah; man wartete nur auf eine günstige Gelegenheit, sie zu erreichen. Als die beiden Eingeborenen am kommenden Tage von einer Rekognoszierung zurückkehrten und gute Nachricht über den Zustand des Eises brachten, wurde hierzu der folgende Morgen festgesetzt. Man legte sich frühzeitig nieder, um sich zu den bevorstehenden Strapazen zu stärken; allein die frohe Aussicht auf baldige Erlösung scheuchte von manchem Lager den Schlaf.

Noch herrschte tiefes Dunkel, als die Matrosen am Morgen des 1. November die kürzlich erbauten Schneehütten abtrugen und die geringen Habseligkeiten in den Booten verstauten. Die Planken und Pfähle, sowie die beiden Kajaks wurden vorläufig zurückgelassen. Mit Ausnahme der Kinder wurde jedermann vor die Schaluppen gespannt, welche sich nur widerspenstig über die rauhe Eisfläche bewegten; oft mußte man zur Axt greifen, um die Bahn zu ebnen; nicht selten nötigten hohe Eishöcker zur geteilten Fortschaffung der Last. Als die herannahende Nacht die Fortsetzung der Reise unmöglich machte, lagerte man sich unter freiem Himmel auf einem alten Eisfelde. Die zurückgelegte Strecke betrug kaum sieben Kilometer!

Zeitig brachen die Eingeborenen am folgenden Morgen mit dem Schlitten nach dem alten Lagerplatze auf, um die zurückgelassenen Gegenstände zu holen; zwei der Matrosen, sowie der Koch waren ihnen vorangeeilt.

Ein dumpfes Dröhnen ließ sie plötzlich innehalten. Das Feld unter ihren Füßen begann zu wanken und zu krachen – dann wurde es wieder ruhiger. Hans warf sich zu Boden, das Ohr dicht gegen das Eis gepreßt, um auf die unheimlichen Laute zu lauschen. Das Geräusch wurde jetzt noch stärker als zuvor. Dicht vor Hans öffnete sich plötzlich ein breiter Spalt; er war kaum emporgesprungen, als er seinen Rückweg bereits abgeschnitten fand, – unzählige Sprünge durchzogen das Eis nach allen Richtungen. Auf dem kleinen Bruchstück einer Scholle trieb Joseph mit den Hunden. Vergebens versuchte er mit den geängstigten Tieren, die laut heulten und winselten, eine größere Flarde zu erreichen; allein sie waren so widersetzlich, daß er sie endlich verließ, um sich auf eine umfangreichere Scholle zu retten.

Die beiden Matrosen und der Koch, die sich bereits in der Nähe der Hüttentrümmer befanden, wollten ihren Kameraden zu Hilfe eilen. Erst als sie am Rande ihres Feldes angelangt waren, bemerkten sie, daß sie selbst in Gefahr schwebten. Sie standen auf einer schwimmenden Eisinsel, und ihre vereinten Stimmen reichten nicht aus, sich mit Joseph und Hans zu verständigen, von denen jeder auf eine kleine Scholle gebannt war.

Mehrere Stunden verzweifelter Anstrengung folgten. Den beiden Eingeborenen war es inzwischen gelungen, auf ein etwas festeres Stück Eis zu flüchten, welches sie mit einem Pfahle nach der Hütte zu steuern suchten. Eine leichte Brise, die sich mittlerweile erhoben hatte, setzte ihnen jedoch so viel Widerstand entgegen, daß alle Bemühungen fruchtlos blieben. Erst als die Flut zu steigen begann und der Wind flaute, konnten sie zu ihren Gefährten gelangen, mit denen sie gemeinsam dem Lager zueilten. Nur die beiden Kajaks konnten sie mitnehmen; das übrige mußte zurückgelassen werben, denn die zunehmende Dunkelheit mahnte zur Eile.

Ein heftiger Schneesturm, welcher kurz nach ihrer Ankunft losbrach und bis zum folgenden Abend fortwütete, vereitelte jeden weiteren Versuch, nach dem Lande aufzubrechen. Es wehte so überaus ungestüm, daß man es selbst nicht wagen konnte, den Rest der Hüttenpfähle und Planken von dem Felde herüberzuholen. Und dabei waren die Armen so gut wie obdachlos. Während der Aufregung des verflossenen Tages war es nicht möglich gewesen, Schneehütten zu erbauen. Jetzt aber mußte dies ohne Aufschub geschehen.

Während des 4. November war das Wetter kaum besser als tags zuvor, und am folgenden Morgen gesellte sich zu dem Schneegestöber noch ein heftiger Nordweststurm, welcher das Eis wieder in Bewegung brachte. Erst am 6. ließ die Wucht des Orkans nach; die Luft wurde klar und am südlichen Himmel erhob sich zu den eintönig grauen Wolken der matte Dämmerungsbogen.

Die Scholle hatte sich wieder mehr von der Küste entfernt; damit mußten die Schiffbrüchigen ihre letzte Hoffnung auf Erlösung zu Grabe tragen.

Von einem nahen Eisberge eröffnete sich eine wenig günstige Fernsicht. Rings umher zeigte sich offenes Wasser, von mächtigen Eisbänken durchsetzt; hier und dort eine spiegelnde Jungeisdecke. Infolge der übermäßigen Anstrengungen war Tysons Gesundheit so sehr zerrüttet, daß er nicht imstande war, die Schneehütte zu verlassen. Das Feld, welches das zusammengetragene Holz barg, war nirgends zu erblicken. Die Matrosen besserten die Sturmschäden aus, und die Eingeborenen gingen auf die Jagd. Joseph erlegte eine kleine Robbe; Hans kehrte ohne Beute zurück. Allein er hatte das alte Feld entdeckt und brachte einige der Pfähle mit nach dem Lager.

Wohl hatte Tyson sich am folgenden Morgen etwas erholt, allein niemand wagte es, sich von den Hütten zu entfernen, da es wieder heftig stürmte. Erst am 19. ließ das Unwetter nach. Die Eingeborenen zogen aus, um zu jagen, und einige der Matrosen fuhren mit dem Hundeschlitten nach dem alten Felde, wo die Hüttentrümmer zerstreut lagen.

Bei dem offenen Wasser angelangt, trennten sich Joseph und Hans. Als es zu dunkeln begann, kehrte der erstere nach dem Lager zurück. Stunde um Stunde verstrich, ohne daß Hans heimkehrte. Von Robert begleitet, verließ Joseph gegen Mitternacht die Hütte, um den Vermißten zu suchen. Es war nahezu Vollmond, aber nur zuweilen strahlte dessen Licht durch die dunkeln Wolken, welche den Himmel bedeckten. Die beiden Männer folgten mehreren Fährten, welche von Hans herzurühren schienen. Um eine bessere Fernsicht zu erhalten, bestiegen sie darauf einen hohen Eisberg – allein ohne Erfolg. Die wechselnde Beleuchtung und die Wolkenschatten, welche bald hier, bald dort lagerten, neckten das Auge und die Einbildungskraft. Auf dem Wege nach dem Lager begriffen, drehte sich Joseph beiläufig um und gebot Robert, sich rasch zu Boden zu werfen und sich ruhig zu verhalten. Er selbst kniete im Schatten eines Eisstückes nieder und machte sich schußfertig. Der andere tat das gleiche: denn ihnen entgegen bewegte sich langsam und bedächtig ein Bär. Joseph, der bessere Schütze, vertauschte seine Pistole gegen Roberts Büchse. Bei einer Schneebank angelangt, machte das Wild halt; es stutzte – und schlug alsdann, sich von den Jägern entfernend, eine andere Richtung ein. Die beiden schlichen vorsichtig hinterher; als sie zu einer ebenen Eisfläche kamen, legten sie sich schußbereit in den Rückhalt eines Hummocks, d.h. eines großen, aufrechtstehenden Eistrümmers. Wieder entfernte sich der Bär und wieder setzten die beiden ihm nach, durch einen niedrigen Eiswall gedeckt. Endlich kam das Tier in Schußnähe. Das Gewehr gegen die Wange gepreßt, begann Joseph das Brummen eines Bären nachzuahmen. Das Wild hielt einen Augenblick inne. – Ungeduldig hob der Jäger die Büchse. – Im Begriff abzudrücken, sah er dicht vor dem vermeintlichen Bären, der niemand anders war als der Hanseatenvater, einen langen Flintenlauf blinken, – ein Augenblick später – und Hans wäre des qualvollen Lebens enthoben gewesen, welches ihm auf der Scholle bevorstand.

Unvermögend, seinen Weg nach dem Lager zu finden, war der Arme stundenlang umhergeirrt; der treibende Flugschnee hatte sich in dem Pelz seiner Kleidung festgesetzt, so daß er völlig weiß erschien. Hierdurch und infolge der eigentümlichen Gangart des ermüdeten Mannes war selbst der erfahrene Joseph getäuscht worden.

Wohlgemut brachten die beiden den wiedergefundenen Nimrod nach den Hütten, wo Frau Merkut sich seiner annahm und für sein leibliches Wohl sorgte. Ausnahmsweise wurde ihm eine doppelte Ration bewilligt – unter den herrschenden Verhältnissen ein außerordentliches Ereignis. Denn seit die Jagd aufgehört hatte ergiebig zu sein, war es nötig geworden, sich täglich mit einer Mahlzeit zu begnügen. Aber selbst, wenn mehr Proviant vorhanden gewesen wäre, so hätte man denselben wegen der mangelhaften Einrichtung der Küche kaum ordentlich zubereiten können. Aus begreiflichen Gründen hatte man den silbernen Hohlspiegel als nutzlos verwerfen müssen; und da man weder Steine noch brauchbares Metall besaß, um eine Feuerstätte zu errichten, so konnte man sich der beiden Säcke Kohlen nicht bedienen. Die einzigen Kochgefäße bestanden in zwei alten Bratpfannen und einigen leeren Konservenbüchsen, die meist zu lecken begannen, nachdem sie kurze Zeit in Gebrauch gewesen; sämtliche Teller waren verlorengegangen, ebenso die Gabeln.

Über einer Tranlampe, aus einer Pemmikanbüchse hergestellt, wurden die Speisen erwärmt; sie förmlich zu kochen, war unmöglich, da es an Speck fehlte. Als Docht dienten gezupfte Segeltuchfasern; allein die Flämmchen, welche um die Ränder dieser rohen Lampe zuckten, verbreiteten nur geringe Wärme und noch weniger Licht. Und doch besaß man keine andere Lichtquelle, denn die Sonne war längst unter den Horizont gesunken und die trübe Dämmerung, häufig durch Nebel und Flugschnee verschleiert, war zu schwach, um durch das kleine Eisfenster in das Innere der Hütten zu dringen. Besonders fühlbar wurde der Mangel an Reinlichkeit. Waschen konnte sich niemand, denn man hatte kaum Wasser genug, um den brennenden Durst zu löschen, den die Kälte verursachte.

Langsam verflossen den Armen die Stunden, namentlich wenn sie ihre Behausung der Dunkelheit oder des Schneetreibens wegen nicht verlassen durften. Und dabei bettelten die hungrigen Kinder beständig um Nahrung, die ihnen nicht verabfolgt werden konnte. Aus altem Packpapier verfertigte Meyer ein Spiel Karten. Hochbusige Damen und gewappnete Bauern, mit Lampenruß und Fett mehr energisch als künstlerisch gemalt, bedeckten die Blätter. Selbst die »Herzen« prangten in Schwarz; und da diese von den »Spaten« sich häufig nur sehr schwer unterscheiden ließen, entspann sich manch ein scherzhafter Wortwechsel.

Zu dem gehäuften Elend, welches auf der Scholle herrschte, erkrankte am 13. November noch Peter, und die Mienen der übrigen wurden von Tag zu Tag hagerer. Das Dach einer der Hütten fing an sich zu senken. Man begann daher einen neuen Schneebau, an welchem von nun ab täglich so lange gearbeitet wurde, wie dies die Witterung und die Helligkeit des Dämmerscheins erlaubten. Nach wie vor gingen die Eingeborenen auf die Jagd, aber sie kehrten stets mit leeren Händen zurück. Am 15., am Tage des Vollmonds, stieg die Flut ungewöhnlich hoch; hierzu gesellte sich eine steife Brise aus Südost, die rings um die Scholle offenes Wasser schuf, wodurch die Hütten abermals gefährdet wurden. Tags darauf machten die Leute den begonnenen Schneebau fertig, versahen dessen Decke mit einem großen Eisfenster und besorgten alsdann ihren Umzug. Die Hunde, welche gleich ihren Herren bessere Tage gesehen hatten, konnten sich nur schwer an die knappen Rationen gewöhnen. Vereint unternahmen sie einen Angriff auf den Proviant und verursachten dadurch Verdruß und Schaden. Fünf der Tiere wurden erschossen und verspeist; die Meute zählte jetzt nur noch vier Köpfe, für deren Unterhalt zu sorgen schwierig genug war.

Wieder folgten stürmische Tage; während des 17. und 18. konnte niemand die Behausung verlassen. Heftige Böen aus Norden und Nordwesten fielen die Hütten an und begruben dieselben fast gänzlich unter feinem Flugschnee. Die Luft war dicht bezogen und gestattete keine Fernsicht. Aber man schloß, daß offenes Wasser in der Nähe sei, denn das Eisfeld begann zu wanken und sich unruhig zu bewegen.

Nach einer kurzen Stille sprang der Wind am 19. nach Norden um. Es war prächtig klar und der Dämmerschein blieb während vier Stunden sichtbar; ein untrügliches Zeichen, daß das Feld beträchtlich nach Süden getrieben worden war. Die Eingeborenen entdeckten zwei frische Bärenfährten. Die Tiere hatten das gleiche Revier durchstreift, wie die beiden Jäger, und einige Robbenlöcher vergrößert; ihre Spuren aber verloren sich auf dem jungen Eise.

Peters Gesundheit hatte sich inzwischen so weit gebessert, daß er die Hütte jetzt wieder verlassen konnte. Bei einem seiner ersten Ausgänge hatte er jedoch das Mißgeschick, durch das junge Eis zu brechen, wodurch er sich unangenehme rheumatische Schmerzen zuzog, die ihn von neuem aufs Krankenlager warfen. Tyson litt an dem gleichen Übel; allein bei den niedrigen Temperaturen, der ungenügenden Bekleidung und der kärglichen Nahrung war kaum Abhilfe zu schaffen.

Erst am 21. war der Jagdzug der Eingeborenen wieder erfolgreich. Sie erlegten drei Seehunde; der größte aber wurde ein Raub der Wellen. Das junge Eis, auf dem das Tier gelegen, gab unter dessen Last nach, und Hans, bemüht die wertvolle Beute zu sichern, wäre dabei fast zu Schaden gekommen.

Abermals mußten zwei der Hunde getötet werden. Schweren Herzens griff Joseph zur Büchse, – die dringende Notwendigkeit gestattete keine Wahl. Es waren jetzt nur noch zwei der Tiere übrig: diejenigen, welche sich am besten bewährt hatten.

Am 22. kam Joseph eine weitere Robbe zu Schuß, und am folgenden Tage brachte Hans einen schmächtigen Jährling ein. Seit der Trennung von der »Polaris« konnte man sich jetzt zum erstenmal wieder sättigen. Das blutreiche Fleisch verlieh den halb verhungerten Menschen rasch neue Kräfte; der frische Vorrat an Speck gestattete ihnen, eine weitere Lampe zu entzünden, wodurch die Temperatur im Innern der Behausung etwas stieg und das Umsichgreifen der rheumatischen Leiden hemmte.

Eine zweitägige Windstille, verbunden mit niedrigen Temperaturen, ließ in den Waken, die sich mit einer Eisrinde bedeckten, das Wasser zur Ruhe kommen. Dadurch waren die Eingeborenen genötigt, längere Ausflüge zu unternehmen, um zu ihren Anständen zu gelangen; allein Robben zeigten sich jetzt nirgends. Nur dann und wann umkreiste die Hütten ein magerer Fuchs; die Jäger aber hatten Mitleid mit ihm und schonten sein Leben, da er so dreist und zutraulich war.

Das Danksagungsfest, allenthalben in den Vereinigten Staaten gefeiert, wurde auch auf dem Eise begangen. Der 28. November, der Tag, auf den dasselbe fiel, war überaus stürmisch, der Himmel mit schwarzem Gewölk bedeckt und der matte Dämmerungsbogen kaum sichtbar.

Aber die Schiffbrüchigen waren aufgeräumt und guter Dinge und suchten für diesmal die Sorgen zu bannen.

Als matte blaugraue Silhouette zeigte sich am 30., weit entfernt im Süd-Südosten, die hohe Küste. Ohne Karte jedoch war eine Orientierung unmöglich, und der Himmel war zu trübe, als daß man eine astronomische Ortsbestimmung hätte vornehmen können. Am 1. Dezember waren die Höhenzüge wieder verschwunden. Einer der Matrosen entdeckte in der Nähe der Hütten eine frische Bärenfährte, welche er verfolgte, bis er auf das Wild stieß. Da seine Büchse versagte, wäre die Jagd fast verhängnisvoll geworden; schließlich jagte der Bär den Jäger, welcher das Hasenpanier ergriff und in großen Sätzen nach dem Lager eilte. Dagegen büßte das Füchschen einige Tage später seine Dreistigkeit mit dem Leben. Abgesehen von dem dichten weißen Pelz, war der Rest desselben kaum des Pulvers wert; das Tierchen war magerer als eine Wasserspinne und gewährte nur wenige Bissen.

Erst am 6. Dezember kam die Küste wieder in Sicht, diesmal jedoch minder deutlich als zuvor. Während der Nacht erhob sich über einem tiefdunkeln Wolkensegment ein strahlendes Nordlicht, welches sich von Osten nach Westen zog und zuweilen mehr als den halben Himmel bedeckte. Die leuchtenden Strahlen schossen bis zur halben Zenithöhe empor und ergossen ihr sanftes Licht über die öde Eiswildnis, die, soweit das Auge reichte, nicht von einer einzigen Wasserstraße durchzogen war.

Am folgenden Tage wurde die erste Ortsbestimmung ausgeführt. Die berechnete Breite betrug 74° 4' N., die Länge 67° 35' W. Wenn man den ungefähren Ort der Trennung des Schiffes von den Schollenfahrern in 78° 10' nördlicher Breite und 75° westlicher Länge verlegt, so hatte sich die Scholle seit dem 15. Oktober täglich etwa 4,9 Meilen nach Süden bewegt. Allein die Trift war wohl nicht gleichmäßig, sondern bald bedeutender, bald geringer gewesen, je nach der Stärke und Richtung der herrschenden Winde, die sie beeinflußt hatten.

Die Dunkelheit hatte zugenommen; der schwache Dämmerschein spendete selbst zur Mittagszeit nicht mehr genügend Licht, um die Eingeborenen auf die Jagd zu locken, und der Mond war kaum ins erste Viertel getreten. Die Rationen wurden jetzt noch kärglicher zugemessen als zuvor. Von nun ab erhielten die Erwachsenen täglich nur zwölf Lot Brot, ein halbes Pfund Fleisch und zwei Lot Schinken; die Kinder aber nur die Hälfte. Unter solchen Umständen nahm die allgemeine Entkräftung rasch zu und der Gesundheitszustand der Mannschaft, der bisher kein guter gewesen, verschlimmerte sich. Der nächste, der aufs Krankenlager gebannt wurde, war leider Hans, dessen Dienste man nicht leicht entbehren konnte. Niemand machte sich mehr Bewegung, als durchaus nötig war; denn der Hunger, den man nun einmal nicht genügend zu stillen vermochte, durfte nicht mutwillig heraufbeschworen werden. Der Speck ging auf die Neige, und man war gewöhnlich ohne Feuer und Licht. – Schon längst hatte man eines der beiden Walboote geopfert. – Alle Hilfsmittel, sich frische Nahrung zu verschaffen, schlugen fehl, nur ein magerer Fuchs fing sich in einer Falle, die Joseph gestellt hatte.

Das Weihnachtsfest kam, allein man konnte sich des Tages nicht freuen; die Sorgen um die Existenz wurden drückender und schwerer, und die Stimmung der Schollenfahrer war düster, wie die sie umgebende Natur.

In den kalten, spärlich beleuchteten Schneehütten saßen neunzehn halb verhungerte, von Schmutz starrende Menschen, um ein Fest zu feiern, welches unter ähnlichen Verhältnissen wohl niemals begangen wurde. Von dem letzten Schinken des Vorrats hatte man ein Pfund zurückgelegt. Etwas über ein Lot hiervon, nebst vier Lot Zwieback, fünf Lot Pemmikan und etwas gefrorenes Seehundsblut bildeten die Gerichte des Festmahles. –

Hansens Gesundheit hatte sich inzwischen gebessert; er ging wieder mit Joseph gemeinsam auf die Jagd, aber es zeigte sich keinerlei Wild. Nach der geringsten körperlichen Anstrengung fühlte jeder die Erschöpfung eines Rekonvaleszenten. Die Armen waren soweit gekommen, daß sie gefrorene Seehundshaut und alte Lederfetzen aßen; daß sie die verkohlten Bindegewebsteile des Specks verschlangen, welche dem Boden der schmierigen Lampen anhafteten, die nun nicht länger brannten.

Während des 29. wehte ein stürmischer Nordwind und öffnete das Eis. In einer der Waken erlegte Joseph eine Robbe. Daß diese kostbare Beute nicht verloren ging, war lediglich der Kaltblütigkeit des Jägers zu danken, welcher sich einer kleinen schwimmenden Flarde anvertraute und mit dem Kolben seiner Flinte dem Tiere nachruderte, welches, von der Strömung erfaßt, rasch entführt wurde. Er erreichte das Wild, zog ihm einen Lederriemen durch die Kiefer und befestigte denselben an seinem hinfälligen Fahrzeuge. Als er umkehren wollte, fand er es unmöglich, der Strömung entgegenzuarbeiten. Rasch entschlossen ruderte er einem größeren Felde zu, auf dessen schlüpfriger Fläche er landete. Erst nachdem er mehrmals laut um Hilfe geschrien, kam Hans mit einem Kajak herbei und erlöste ihn.

Die Robbe wurde nach dem Lager gebracht und sofort zerwirkt: bei der niedrigen Temperatur stets eine unangenehme Arbeit. Die Teilung der Jagdbeute erfolgte nach feststehenden Regeln, von denen man nur ausnahmsweise abwich. Das Fell mit dem anhaftenden Speck wurde in eine seichte Vertiefung des Schnees gelegt, um das ausgeschöpfte, erstarrende Blut aufzunehmen. Leber und Herz verspeiste man roh, solange sie noch warm waren; das Gehirn sowie die Nieren gehörten dem Jäger, und die Augen dem jüngsten Kinde, während die Eingeweide aufgehängt und dem Gefrieren überlassen wurden, um alsdann in dem Vorratshause verwahrt zu werden. Eine der Frauen zerlegte den Rumpf in die entsprechende Anzahl gleicher Teile, ordnete dieselben in eine Reihe und gab einem jeden, dessen Name aufgerufen wurde, die betreffende Ration. – Auf diese Weise hoffte man persönlichen Vergünstigungen vorzubeugen.

Die Glückwünsche, die man am Neujahrstage sich gegenseitig darbrachte, klangen wie bitterer Hohn. Das einzige Glück, dessen man sich erfreute, war das Leben; aber dieses schien schlimmer als der Tod, denn es bestand aus einer endlosen Reihe der peinlichsten Qualen. Die traurige Wirklichkeit erstickte jegliche Hoffnung auf eine freundlichere Zukunft und dämpfte die leisen Nachklänge besserer Zeiten; kein rosiger Schimmer unterbrach die düstern Schatten der Gegenwart, die schwer und unheilschwanger den engen Ideenkreis begrenzten. – Man versuchte froh zu sein, allein es wollte nicht gelingen.

Wie vordem zogen die Eingeborenen hinaus, um zu jagen; aber nirgends zeigte sich offenes Wasser und die Robben hielten sich darum fern. Der Speck ging auf die Neige und die Leute mußten ihr Feuerchen mit den Planken nähren, die ihre Lagerstätten von der Scholle trennten, um sich nur Trinkwasser zu verschaffen. Rings um die Hütten zogen sich zwei verschlungene Bärenfährten; allein die Dunkelheit vereitelte jeden Versuch, die Tiere zu verfolgen.

Da die Jagd keine Beute lieferte, steigerte sich die Not von Tag zu Tag. Der einzige Schlitten war bereits verbrannt; die Ruderbänke der Schaluppe, von welchen man Späne schnitt, wurden immer kleiner. Nur mit Mühe konnte Tyson die verzweifelten Menschen überreden, das Boot zu schonen, auf welches man die letzte Hoffnung gesetzt hatte.

Am 13. fiel die Temperatur so bedeutend, daß das Quecksilber in der Thermometerkugel erstarrte. Infolge der Kälte konnte niemand die Behausung verlassen. Ein leichter Nordost, welcher, mit Schneefall verbunden, während der Nacht einsetzte, brachte etwas Linderung. Das Thermometer stieg, die Brise aber artete zu einem heftigen Sturme aus, welcher erst am Abend des 15. nachließ. Bei den schmalen Rationen konnten die Hunde nur selten gefüttert werden. Während einiger Tage hatten sie sich von den Hütten ferngehalten, und als sie jetzt zurückkehrten, zeugten tiefe blutende Wunden, welche sie an verschiedenen Teilen des Körpers trugen, von dem unzweideutigen Kampfe mit einem Bären. Joseph verfolgte die Fährten und gelangte zur Stelle, wo der Angriff stattgefunden; der Bär hatte sein Heil in der Flucht gesucht und sich ins Wasser gestürzt.

In das trostlose Dasein der Schollenfahrer führte der 19. Januar insofern einen entscheidenden Wendepunkt herbei, als er sie dem düstern Schattenreiche der Polarnacht entrückte. Dreiundachtzig lange Tage hatte die Sonne sich nicht über den Horizont erhoben; jetzt ging sie hell und glänzend wieder auf und bestrahlte die starre Eiswildnis. Dankerfüllten Herzens blickten die schwer geprüften Menschen unverwandt nach Süden. Manche Lippen, welche sonst nur Verwünschungen und Lästerungen ausgestoßen, öffneten sich jetzt zu leisem Gebet.

Eine astronomische Ortsbestimmung, welche Meyer am 20. vornahm, ergab 70° 1,7' nördliche Breite und 60° 0,6' westliche Länge; die tägliche Trift hatte sich somit von 4,9 auf 8,5 Meilen gesteigert. An demselben Tage zeigte sich der erste Vogel: ein junger Teist (Schwimmvogel aus der Familie der Alken) von scheckigem Gefieder. Arglos saß er auf dem Vorsprung eines abgerundeten Hummocks, wo er einer Kugel aus Josephs Büchse zum Opfer fiel.

Die Kälte hatte nun wieder zugenommen und das offene Wasser verschwand. Von nun ab mußte man den Robben an ihren Atemlöchern auflauern, eine Jagd, welche viel Übung und große Ausdauer verlangt, und welche nur von solchen Leuten ausgeübt werden kann, die völlig abgehärtet sind gegen die Unbilden eines arktischen Winters. Stundenlang muß der Jäger, sein Gesicht dem schneidenden Winde zugekehrt, fast regungslos vor der kleinen Öffnung in dem Eise harren, um die auftauchende Robbe nicht zu beunruhigen; denn die geringste unvorsichtige Bewegung genügt, um das feinhörige Tier zu verscheuchen. Aber Joseph war beharrlich und der Erfolg blieb nicht aus. Am 23. harpunierte er einen kleinen Jährling, und Hans am folgenden Tage einen anderen, so daß dem peinlichen Mangel an Öl zur Speisung der Lampen vorerst gesteuert war. Und dies betrachtete man als ein Glück, denn es wurde so kalt, daß das Quecksilber wieder gefror und während fünf Tagen fest blieb. Wie tief die Temperatur sank, war nicht zu ermitteln; aber die Kälte mußte wohl bitter gewesen sein, denn die Eingeborenen wurden mehrmals zur Heimkehr gezwungen, nachdem sie kaum eine halbe Stunde lang von den Hütten fern gewesen. Der Rest der Mannschaft sowie die Frauen und Kinder blieben im Innern ihrer Behausung, in der Nähe der wärmenden Lampen, welche jetzt nicht erlöschen durften; denn zu der niedrigen Temperatur hatten sich hohe Winde gesellt, welche die Kälte noch fühlbarer machten.

Nach den Beobachtungen Meyers befand sich die Scholle am 27. Januar in 69° 32' nördlicher Breite; die Länge betrug 60° 3' W. Die Geschwindigkeit der Trift, welche zwischen dem 5. und 20. des Monats täglich noch 8 ½ Meilen betragen hatte, war hiernach auf weniger als die Hälfte gesunken; durch die intensive Kälte war das Eis wahrscheinlich in Stauung geraten. Weder im Osten noch im Westen zeigte sich Land; deshalb unterlag die Längenbestimmung gerechten Zweifeln. Nach Meyers Beobachtungen und Berechnung hatte die Scholle sich im Laufe des Januar so ziemlich in der Richtung des 60. Meridians bewegt, etwa achtzig Meilen von der Küste Westgrönlands entfernt. Wäre diese Länge richtig gewesen, so hätte das hohe Land wohl dann und wann in Sicht kommen müssen. Berücksichtigt man, daß der Chronometer bedeutenden Temperaturschwankungen ausgesetzt war, daß derselbe bei dem steten Kampfe ums nackte Leben notwendigerweise oft roh behandelt wurde, so läßt sich kaum Genaueres erwarten. Zum Messen von Monddistanzen aber hatte sich bisher noch keine Gelegenheit geboten.

Die Breiten waren jedenfalls annähernd richtig. Dieses vorausgesetzt, befand die Scholle sich jetzt etwa zwanzig Meilen nördlich von dem Parallel der Insel *Disko*. Dort hatte die Expedition ein reiches Proviantlager zurückgelassen. Die Leute schlugen Tyson deshalb vor, mit ihnen nach dieser Insel aufzubrechen. Er jedoch, der ältere und erfahrenere, konnte einen solchen Plan nicht gutheißen und malte der Mannschaft die bedenklichen Folgen eines solch verwegenen Unternehmens in den grellsten Farben aus. Die Reise nach der Küste mit den Weibern und Kindern anzutreten, hätte wohl nimmer ein gutes Ende genommen; die Versprengten besaßen nicht einmal einen Schlitten zum Transport ihres Bootes, welches, ohne Schaden zu leiden, sich nicht über das rauhe Eis hätte schleppen lassen.

Diese Meinungsverschiedenheit verursachte eine bittere Stimmung in dem Lager; aber die Leute gaben sich endlich zufrieden, denn sie sahen wohl ein, daß das schreckliche Abenteuer nur durch Aufrechterhaltung der strengsten Einigkeit einen befriedigenden Abschluß finden könne. Mittlerweile hatte man den letzten Hund eingebüßt. Hans, welcher Jennie mit auf die Jagd genommen, hatte das Tier zwischen den Hummocks verloren und alle Versuche, dasselbe aufzufinden, waren vergeblich gewesen.

Über die Hütten fegten heftige Stürme; die Jagd hatte aufgehört ergiebig zu sein, und die gebeugten Menschen verschlangen gierig die letzten Reste der Seehundsfelle, die sie nun nicht länger mit den Hunden teilen mußten. Die besseren Zeiten, auf die man gehofft hatte, blieben aus; zudem wurde der Steward vom Skorbut heimgesucht, und es war unmöglich, diesem schrecklichen Übel zu steuern.

Erst am 5. Februar gelang es dem unermüdlichen Hans, einen kleinen Seehund zu erlegen, dessen Blut für den Kranken beiseite gesetzt wurde; Joseph schoß ein stattliches Tier, allein dasselbe geriet in einen Spalt, welcher zwischen zwei Feldern dahinzog, und sank, ehe der Jäger herbeieilen konnte, um es zu ergreifen. Eine Beobachtung ergab 68° 50' N. Die Scholle hatte sich daher seit dem 27. Januar täglich mit einer Geschwindigkeit von 4,7 Meilen nach Süden bewegt. Eine Beschleunigung von nahezu einer halben Meile seit der letzten Beobachtung.

Während des 6. wehte es unausgesetzt und stürmisch aus Nordwest; bei steigender Temperatur schlug der Wind alsdann gegen Abend nach Süden um, und tags darauf blies er ungestüm aus Westen. Dieser rasche Wechsel der Windrichtung hatte die Bildung zahlreicher und ausgedehnter Waken herbeigeführt. In der größten derselben tummelte sich eine Narwalherde lustig umher. Laut schnarchend, spritzten die Tiere ihre Wasserstrahlen hoch empor in die kalte Luft. Joseph schoß ein großes Männchen, welches lautlos sank, ohne wieder zur Oberfläche zu kommen. Die übrigen schwammen in nördlicher Richtung davon; allein schon nach kurzer Zeit kehrten sie wieder zurück, da es dort – nach dem Eisblink zu schließen – wahrscheinlich an offenem Wasser fehlte. Die Jahreszeit war so weit vorgerückt, daß es bereits um 8 Uhr zu tagen begann; aber um vier des Nachmittags herrschte wieder tiefe Dämmerung. Der Mangel an Reinlichkeit machte sich bei der zunehmenden Helle, welche ins Innere der Hütten drang und dort den Schmutz beleuchtete, der sich seit Monaten angehäuft hatte, doppelt fühlbar. Waschen konnte man sich noch immer nicht, doch wurde am 8. Februar ein regelmäßiger Schiffdienst eingeführt, und kraft der erlassenen Verordnung mußten von nun ab die Hütten wöchentlich einmal so weit gereinigt werden, als dies ohne Verbrauch von Wasser sich bewerkstelligen ließ. Das Segeltuch, welches die Gewölbe auskleidete, starrte von Eis und Ruß; der warme Atem der Menschen, sowie der Dampf, der während des Kochens entstanden war, hatten sich als dichte Frostblüten an den Moschusfellen kondensiert, welche als Betten dienten; die alte Leinwand, welche den Boden bedeckte, war von dem Blut und Fett der erlegten Tiere völlig durchtränkt. Der Erfolg der ersten Reinigung war nur von kurzer Dauer; denn während der Nacht brach ein heftiger Schneesturm los, welcher das Innere der Räume mit seinem Triebschnee erfüllte und die Hütten verschüttete, so daß am kommenden Morgen ein Tunnel ins Freie gegraben werden mußte. Das Wasser bedeckte jetzt den Südrand der Scholle, und die Narwale kamen so nahe, daß man vom Lager aus auf sie feuern konnte. Mehrere wurden erlegt; sie sanken jedoch sämtlich, ehe die Eingeborenen in ihren Kajaks sich ihnen nähern konnten.

Es war ein bitteres Gefühl, von Überfluß umgeben zu sein, durch jeden Schuß mehr als tausend Pfund Fleisch leblos zu machen und die Beute dahinsinken zu sehen. Mit einer starken Harpune hätte man sich der Tiere leicht bemächtigen können, aber alle Kunstgriffe der Eingeborenen, eine solche herzustellen, scheiterten an dem Mangel an geeignetem Material und an passenden Werkzeugen. Im Laufe des Nachmittags nahm der Westwind wieder Sturmesstärke an; es begann abermals mit solcher Ausdauer zu schneien, daß man am 10., um die Hütten verlassen zu können, wieder zur Schaufel greifen mußte.

Der Freudenruf: »Land in Sicht!« weckte die Schläfer am Morgen des 16. früher als gewöhnlich. Von der aufgehenden Sonne bestrahlt, schimmerten ihnen in lichtem Rot die schneegekrönten, zackigen Bergkämme der Westküste entgegen; von leichtem Nebel umwallt, reckten steile Vorgebirge ihre dunkeln Felsflanken weit hinaus in die erstarrte, trümmerbedeckte See und warfen lange Schatten über die Einfahrten tiefer Buchten, von welchen, durch die Sonne gescheucht, durchscheinende Nebelschleier sich hoben. Tyson, welchem die Küste von früheren Reisen her bekannt war, glaubte Kap Seward zu erkennen; dort wohnten Eingeborene, und die Entfernung, welche das Lager von dem Lande trennte, betrug nicht mehr als 36-40 Meilen. Wäre das Eis, welches zu mastenhohen Wällen getürmt lag, gangbarer gewesen, so hätte man sofort aufbrechen und die Reise nach der Küste antreten können; doch unter den herrschenden Umständen schien es geraten, mit dem Aufbruch zu warten.

Seit dem 10. hatte man nur einen einzigen kleinen Seehund erbeutet, da es inzwischen stürmisch ober neblig gewesen; und wieder drohte die Not sich zu melden, als es Joseph gelang, einen hageren Jährling zu überrumpeln, welcher sich schläfrig auf dem Eise sonnte. Die Teiste, die sich bisher nur vereinzelt gezeigt hatten, kamen jetzt in größeren Scharen; elf dieser Vögel wurden am 20. geschossen. Von dem alten Proviant waren nur noch drei Kannen Pemmikan und zwei Säcke Hartbrot übrig, welche als unantastbar galten; denn noch war der Winter nicht vorüber und die stürmischen Tage, die bevorstanden, waren zahlreich. Falls es nicht gelang, das Land in kürzester Frist zu gewinnen, so konnten im günstigsten Falle noch Wochen vergehen, ehe die ersehnte Erlösung winkte.

Am 21. Februar stieg die Temperatur auf eine unerhörte Höhe; das Thermometer stand im Schatten auf -14,5° Celsius; seit der Trennung von der »Polaris« war es nicht so warm gewesen.

Trotz der guten Vorsätze, die man gefaßt hatte, mußte jetzt der Proviant in bescheidener Weise angegriffen werden; die Teiste, sowie die letzten Reste des Robbenfleisches waren verzehrt, und die Eingeborenen durchstreiften die ganze Umgegend, ohne zu Schuß zu kommen. Um den nagenden Hunger zu stillen, aßen sie abermals von den gefrorenen Abfällen der Häute, denn Pemmikan und Brot durften nur lotweise verabfolgt werden.

Da die Zustände sich kaum verschlimmern konnten, beschlossen die Leute, die erste Gelegenheit zu ergreifen, um das Land zu erreichen, und alles aufs Spiel zu setzen. Einzelne Schäden, welche das Boot erlitten hatte, wurden daher ausgebessert, die Waffen in Ordnung gebracht und Pulver und Blei in geöltes Leder verpackt. Am 21. gedachte man aufzubrechen. Aber die Ausführung dieses Planes wurde durch einen starken Schneefall vereitelt, welcher am Abend des 23. begann und bis zum folgenden Nachmittag währte. Knietief deckten jetzt die lockeren Flocken die rauhe Oberfläche der gefrorenen See und machten das Marschieren im höchsten Grade beschwerlich.

Die Scholle, die sich am 25. wieder weiter von der Küste entfernt hatte, trieb rasch nach Süden. Mehrere Vorgebirge, welche man tags zuvor noch im Westen erblickt, peilten jetzt nördlich. Außer einer kleinen Wake, deren Entfernung vom Lager etwa drei Meilen betrug, zeigte sich kein offenes Wasser; aber dunkle Wolken, welche über dem nördlichen Horizont lagerten, schienen in dieser Richtung auf eisfreie Stellen zu deuten. Während der beiden folgenden Tage stieg die Kälte wieder auf 32 Grad; hierzu gesellten sich heftige Winde, die den Aufenthalt im Freien so unangenehm machten, daß die Jäger sich veranlaßt fühlten, in den Hütten zu verweilen. Am 28. entdeckten sie eine frische Bärenfährte, welche sich von dem Lager nach einer Glatteisfläche zog, woselbst sie endigte. Sie spähten nach dem Tiere, aber ihre Mühe blieb unbelohnt. Dagegen erlegten sie gegen Abend etliche dreißig Teiste, denen sie am folgenden Tage weitere sechzig beifügten. – Die alten Vorräte konnten nun wieder unberührt bleiben.

Der März war gekommen, und mit ihm die intensive Kälte, welche dem Anfang dieses Monats eigen ist. Am 2. schoß Joseph eine riesenhafte Bartrobbe von acht Fuß Länge, deren Fleisch und Speck die Eisfahrer aller Sorgen um ihre Existenz enthob. Wenig wurde die Einförmigkeit des Lebens jetzt unterbrochen; die Leute entschädigten sich für die schweren Zeiten, die sie erlitten, und aßen und schliefen nach Herzenslust.

Mittlerweile hatte die Scholle sich der Breite des Golfs von Cumberland genähert. Es stürmte aus allen Richtungen der Windrose und am 10. wütete ein Orkan aus Norden, dessen Wucht während der dunklen sternlosen Nacht die Eisdecke brach. Furchtbar tobte es unter der Scholle, die, einem Korke gleich, von Welle zu Welle geworfen wurde und donnernd gegen bröckelnde Eistrümmer prallte. Zuweilen entstand eine Pause. Doch nur wenige Sekunden währte die Ruhe. Dann erhoben sie sich wieder, die grausigen Laute, – es ächzte und stöhnte, knirschte und krachte und dazwischen mengte sich das Heulen des Windes und das brausende Tosen der Brandung; bald dumpf, wie aus weiter Ferne, bald donnerähnlich, aus unmittelbarer, erschreckender Nähe.

Es mochte etwa 9 Uhr sein, als man einen lauten Knall vernahm. Die Scholle bebte, die Hütten wankten; dann folgte ein knirschendes Geräusch, den Lauten gleich, welche der Kiel eines Schiffes verursacht, der über steinigen Grund schleift. Unter heftigen Stößen von der Seite stürzte plötzlich der Schneetunnel ein, welcher zu der Behausung führte. Joseph und Tyson eilten ins Freie. Kaum hatten sie die Hütte verlassen, als die vereinte Wucht des Sturmes und des Seegangs sie zu Boden schleuderte. Von Flugschnee umwirbelt, gelangten sie kriechend zum Rande des Eises. Höchstens zehn Schritte vom Lager brach sich die Brandung. Die Scholle war zertrümmert; der letzte Stoß hatte sie geborsten; wieviel von ihr übrig war, ließ sich nicht überschauen, denn die Heftigkeit des Orkans zwang die beiden zur schleunigen Umkehr.

Ohne Unterlaß stürmte es während der ganzen Nacht; der Morgen kam, aber des wilden Schneetreibens wegen durfte es niemand wagen, die Hütte länger als einige Minuten zu verlassen; diese Zeit aber war nicht genügend, um sich über den jetzigen Umfang der Scholle Klarheit zu verschaffen. Entweder wehte es jetzt heftiger als gestern, oder das eisige Floß, auf dem die Behausung ruhte, war bedeutend kleiner geworden; denn ungestümer und rascher erfolgten die schwankenden, schaukelnden Bewegungen, welche jetzt die Frauen seekrank machten.

Die Ereignisse der folgenden Nacht bildeten eine Wiederholung derjenigen der vorigen; nur in großartigerem Maße. Lauter tosten die unheimlichen Stimmen des Eises, die Wucht des heulenden Sturmes schien verstärkt, und die wilde Dünung der hochgehenden See brandete geräuschvoller und heftiger um die Scholle, die ihr als Spielball diente.

Als endlich nach sechzigstündiger Dauer der Sturm sich legte und die Schiffbrüchigen ihre beschädigten Hütten verlassen konnten, bemerkten sie einen gewaltigen Wechsel in der Beschaffenheit des Eises. Die mächtigen Schollen und Felder waren zu kleinen Trümmern zermalmt; Berge, deren Massenbau zuvor von überwältigender Größe gewesen, waren jetzt zur Unkenntlichkeit entstellt; ihre eigene Scholle aber war ringsum zerbrochen und besaß kaum mehr ein Drittel ihrer ursprünglichen Ausdehnung. Nirgends zeigte sich ein Feld, auf welches man hätte übersiedeln können: weit und breit nichts als unsichere Trümmer, kaum genügend groß, um einem einzigen Manne als Zufluchtsort zu dienen.

Während des 13. wurden die Sturmschäden der Hütten ausgebessert. Am folgenden Tage schoß Joseph eine weitere Bartrobbe, welche indes hinter der vorigen an Größe weit zurück blieb. Dem Tiere, welches ein Junges von der Länge eines gewöhnlichen erwachsenen Seehundes trug, wurden die Brustdrüsen ausgedrückt, wodurch man eine nicht unbedeutende Menge Milch erhielt. Außerdem kamen drei grönländische Robben zu Schuß, wovon eine verloren ging. Nach einer Meridianhöhe der Sonne befand sich die Scholle um Mittag in 64° 19' nördlicher Breite; sie hatte daher während der beiden letzten Tage sich 13 Meilen nach Süden bewegt.

Am 15. wehte es steif aus Osten, das Eis geriet abermals ins Drängen; aber nicht mit genügender Heftigkeit, um gefährlich zu werden. Bei steigender Temperatur schlug der Wind am folgenden Morgen nach Südwesten um und brachte leichte Nebel, so daß es nicht möglich war, eine Ortsbestimmung zu machen, was Meyer erst am 17. gelang. Das Resultat derselben betrug 63° 47' N.; die Strömung war stärker geworden und hatte während der letzten drei Tage eine Geschwindigkeit von mehr als zehn Meilen in vierundzwanzig Stunden angenommen. Ein Bär, welcher sich in der Nähe der Hütte blicken ließ, entwischte zum Leidwesen der Jäger mit heiler Haut. Durch den Geruch des Seehundfleisches angelockt, hatte er die Umgebung des Lagers bedächtig untersucht, und Joseph, welcher ohne Büchse ins Freie getreten war, kaum eines Blickes gewürdigt. Erst als der Eingeborene bewaffnet wiederkam, spitzte er die Ohren und setzte im schwankenden Galopp, mit einer Behendigkeit, welche man ihm kaum zugetraut, über die losen Eistrümmer, auf die ihm niemand folgen konnte.

Im Laufe dieses Monats war selten eine klare Nacht vergangen, ohne daß man nicht ein Nordlicht erblickt hätte. Besonders glänzend zeigte sich ein solches am 18. März; aber wie gewöhnlich folgte ihm ein Sturm, welcher mit großer Heftigkeit aus Nordwesten zu wehen begann, dann nach Norden umschlug und, mit Schneetreiben verbunden, fast unausgesetzt zwei Tage lang mit solcher Stärke wütete, daß niemand die Behausung verlassen mochte. Zuweilen, wenn das Geräusch des Windes kurze Zeit verstummte, ließen die Wale sich vernehmen, deren Schnarchen dann deutlich ins Innere der Hütte drang. Allein der Jagdeifer der Eingeborenen war nicht stark genug, um sie ins Freie zu locken und sie zu veranlassen, das warme Lager gegen den windigen Anstand zu vertauschen.

Die Sonne war in den Frühlingspunkt getreten, aber der Frühling zauderte noch, seinen Einzug zu halten. Winterlich und starr erstreckten sich die wüsten Eistrümmer, welche das Meer bedeckten, in die unabsehbare Ferne und erglänzten in dem trügerischen Sonnenlichte, dessen Wärme sich kaum fühlbar machte.

Obschon die Schollenfahrer den Polarkreis bereits überschritten hatten und sich beständig weiter von ihm entfernten, so sollten sie den rauhen Tagen des arktischen März doch nicht entgehen; ja, es standen ihnen schrecklichere Zeiten bevor, als die schlimmsten, die sie während des dunkeln Winters erlebt hatten.

Am 22. März befand sich die Scholle in 62° 56' nördlicher Breite und hatte ihre Geschwindigkeit nur um einen kleinen Bruchteil einer Meile verringert. Der folgende Tag war wieder stürmisch, die Temperatur sank und niemand konnte die Hütten verlassen. Nachdem die Witterung am 24. sich gebessert hatte, begaben sich die Eingeborenen nach den beschränkten Waken, welche jetzt etwa fünf Meilen vom Lager entfernt waren. Joseph erlegte einen feisten Seehund, zwei weitere dieser Tiere brachte der folgende Morgen. Aus einer Anzahl von Sonnenhöhen, welche Meyer um Mittag maß, ergab sich, daß die Scholle seit dem 22. ihre tägliche Bewegung auf neunzehn Meilen gesteigert hatte; sie befand sich jetzt eine Meile nördlich von dem zweiundsechzigsten Parallel.

Während bisher nur zwei Robbenarten zu Schuß gekommen waren – die grönländische und die Bartrobbe –, erschienen am 26. die ersten Klappmützen, deren geographische Verbreitung eine beschränktere ist. Diese Robbe, welche an Größe der Bartrobbe kaum nachsteht, unterscheidet sich dadurch von allen übrigen Seehunden, daß die Männchen auf dem Kopfe einen großen häutigen Sack besitzen, der mit der Nase in Verbindung steht. Diese blasenartige Erweiterung der Kopfhaut kann von den Tieren willkürlich mit Luft gefüllt werden und nimmt ausgedehnt die Form einer Mütze an, welcher diese Robbenart ihren Namen verdankt. Wie den übrigen Repräsentanten der Familie, fehlt auch ihr die äußere Ohrmuschel, und die Öffnung des Ohres ist so klein, daß sie auf den ersten Blick kaum bemerkt wird. Ihr Körper ist lang und schwer; die Grundfarbe ihrer Oberseite wechselt zwischen einem hellen und dunkeln Kastanienbraun, mit noch dunkleren Flecken, deren Verteilung an die Zeichnung eines Leoparden erinnert. Die Unterseite ist dunkelgrau und zeigt bei Tieren, welche gerade dem Wasser entstiegen sind, einen silberglänzenden Anflug.

Unähnlich ihren Verwandten, setzt sich die Klappmütze, wenn angegriffen, wütend zur Wehr; sie beißt, kratzt und faucht, und es fehlt nicht an Beispielen, daß sie den Robbenschlägern den Knüttel entwand, denselben zwischen die Zähne nahm, ihn durch rasche drehende Kopfbewegungen von Seite zu Seite schwang und so ihren entwaffneten Gegner zum Rückzug nötigte. Mit der Büchse ist die Jagd völlig gefahrlos und weder leichter noch schwieriger als die auf andere Robbenarten. Während der Paarungszeit finden um den Besitz der Weibchen heftige Kämpfe statt; wobei die erbitterten Tiere sich so geräuschvoll gebärden, daß der Lärm weithin hörbar wird.

In kleinen Rudeln vereinigt – ihre Gründe mit keiner anderen Art teilend – wirft die Klappmütze, bald auf dem Packeise des hohen Meeres, bald auf den Feldern, welche das Land säumen, im März oder April ein einziges Junges. Dieses wird zwanzig bis fünfundzwanzig Tage von der Mutter gesäugt. Seine Farbe ist schwach gelblich-weiß und geht allmählich, wenn das Tier seinen Aufenthalt auf dem Eise gegen den im Wasser vertauscht, in ein schmutziges Grau über.

Wahrscheinlich überschreitet die Klappmütze nicht den sechsundsiebenzigsten Breitengrad; sie findet sich nirgends häufig und ist jetzt aus manchen Gegenden, wo sie ehemals vorkam, gänzlich verschwunden. Die meisten werden längs der Südwestküste Grönlands und der Gestade Labradors erlegt; nur ausnahmsweise findet sie sich in der Gegend von Jan Mayen; weiter nördlich und östlich, sowie in dem Meere von Spitzbergen gehört sie zu den Seltenheiten. Von Stürmen verschlagen, erscheint sie zuweilen an den Küsten Skandinaviens und Englands; einige wurden sogar in der Nähe Neuyorks getroffen.

Diese Tiere versorgten von nun ab die Schollenfahrer mit Nahrung. Am 26. allein wurden deren drei erlegt, und am folgenden Tage zeigte sich im Lager ein Bär, welcher sein Leben lassen mußte.

Kurz nach dem Einbruch der Dämmerung hörte Tyson, als er sich eben zur Ruhe begeben wollte, vor der Hütte ein Geräusch, als wäre das Eis in Bewegung. Er schickte Joseph hinaus, um nachzusehen. Dieser kehrte nach einigen Sekunden mit der aufregenden Meldung zurück, daß ein Bär an seinem Kajak nage, welcher sich kaum zehn Fuß vom Eingang der Hütte befand. Josephs Büchse aber war im Innern dieses Kajaks verborgen und diejenige Tysons stand gegen denselben gelehnt. Außer einer der Pistolen war keine Waffe zur Hand. Nachdem Tyson eilig seine Fußbekleidung angelegt hatte, krochen die beiden vorsichtig hinaus. Am Ende des

Schneetunnels angelangt, hörten sie den Bären deutlich nagen. Ein Schritt weiter und sie gewahrten das Tier, welches sich jetzt mit einem der gefrorenen Klappmützenfelle beschäftigte. Während Joseph nach der Behausung der Matrosen schlich, um Hilfe zu holen, kroch Tyson vorsichtig nach dem Kajak, in die Nähe seiner Büchse. Als er dieselbe ergreifen wollte, fiel sie um und schlug geräuschvoll gegen eine Doppelflinte, welche neben ihr lag. Der Bär, durch diese Laute beunruhigt, drehte sich um und brummte; aber schon hatte Tyson seine Büchse erfaßt und ihn aufs Korn genommen. Er wollte Feuer geben, doch die Waffe versagte; er spannte den Hammer zum zweiten und dritten Mal, allein der Schuß ging nicht los. Neugierig trollte jetzt der Bär auf den Jäger zu, welcher indessen nicht höflich genug war, den Besuch abzuwarten, sondern sich eilig nach der Hütte zurückzog, um Patronen zu holen. Die Mündung der frisch geladenen Büchse aus dem Schlupfloch des Tunnels steckend, gewahrte er dicht vor sich das Tier. Er legte an, zielte, soweit dies die Dunkelheit gestattete, und gab Feuer. Seinem Schusse folgten in rascher Reihenfolge zwei weitere aus Josephs Büchse und Pistole; der Bär machte einen verzweifelten Luftsprung, rannte dann eine kurze Strecke fort und brach zusammen.

Da es bereits zu finster geworden, wurde er in den Schnee verscharrt; als die Eingeborenen ihn am folgenden Morgen zerwirkten, zeigte es sich, daß Tysons Kugel ihn in der Richtung von der linken nach der rechten Schulter durchbohrt und ihm das Herz zerrissen hatte. Einer von Josephs Schüssen war ihm in die rechte Hüfte gedrungen, die Pistolenkugel aber hatte einen seiner Halswirbel zerschmettert.

Am 28. war Neumond und die darauf folgende Springflut, zu der sich ein stürmischer Nordwind gesellte, welcher zuweilen Orkanstärke annahm, sollte auch diesmal nicht wirkungslos vorübergehen. Das Eis brach abermals, und die starke Dünung der hochgehenden, schwellenden See richtete große Verheerungen an. Unter dem heftigen Drängen wurden die kleineren Felder und Flarden zertrümmert; die Berge, welche sich nach Hunderten zählen ließen, waren jetzt ihrer Fessel ledig und wiegten sich auf den wilden Wogen. So oft einer sich überschlug, schwankte und bebte die kleine Scholle, daß man fürchtete, sie würde in Trümmer gehen. Während der Nacht des 29. geriet sie mit einem der Kolosse in Konflikt; ein dumpfer Krach verkündete den Zusammenstoß, jedermann eilte nach dem Boote, um dasselbe im äußersten Falle der Not flott zu machen.

Als es endlich zu tagen begann, erhob sich ein heftiges Schneetreiben. Gegen Mittag legte sich der Wind, aber noch fiel der Schnee in dichten Flocken. Undeutlich zeigte sich in der Nähe der Scholle ein Eisstück, auf welchem ein dunkler Gegenstand lag, der aussah wie eine Robbe. Joseph feuerte. – Der dunkle Körper machte eine leichte Bewegung und blieb darauf ruhig wie zuvor. Das Boot wurde bemannt, und als die Leute bei der Flarde anlangten, gewahrten sie eine alte Klappmütze nebst ihrem Jungen. Die verwundete Mutter setzte sich wütend zur Wehr; nach einem kurzen, vergeblichen Widerstand wurde sie aber erlegt und nebst dem Kalbe ins Boot gezogen. Der klägliche Ruf des Tierchens lockte das Männchen herbei, dem eine Kugel, aus Hansens Büchse entsandt, den Kopf durchbohrte.

Eine Meridianhöhe der Sonne versetzte die Scholle am Mittag des 31. März in 59° 41' nördlicher Breite; die tägliche Geschwindigkeit der Trift hatte sich also seit dem 25. von neunzehn auf dreiundzwanzig Meilen gesteigert. Wieder begann es zu stürmen; wieder wühlte der Wind eine starke Dünung auf und wieder folgte eine spannungsvolle Nacht, aber weit peinlicher noch als die verflossene. Die Scholle trennte sich von dem Rest des Eises und trieb nach dem offenen Meere; der Seegang nahm zu und damit das Schwanken und Schaukeln des unheimlichen Fahrzeuges, an dessen berstenden Rändern die Wogen sich unablässig brachen.

Am Morgen war die Scholle bis auf den Umkreis der Hütten zertrümmert und konnte nicht länger als Aufenthaltsort dienen; denn schon leckten die Wellen an den Schneemauern der Behausung. – Aber wohin sollte man sich wenden? – Es war nirgends ein Stück Eis zu erblicken.

Immer kleiner wurde die Scholle; und um ihr Leben so teuer als möglich zu verkaufen, beschlossen die Unglücklichen ihr Boot flott zu machen und das Packeis aufzusuchen, welches irgendwo im Westen liegen mußte. Wie weit entfernt, das wußte niemand; jedenfalls war die

Entfernung eine bedeutende, denn kein Eisblink erschien am westlichen Horizont, wo dunkles Wassergewölk drohend emporstieg.

Das Boot, ursprünglich für sechs Personen bestimmt, mußte jetzt deren neunzehn fassen; und die Matrosen, welche die Riemen bedienten, konnten mit den Armen kaum weit genug ausholen, um gegen die wilde Dünung anzukämpfen. Obschon man nur das Nötigste mitgenommen, obschon man sämtliche Felle und den ganzen Fleischvorrat, mit Ausnahme der Bärenschinken, zurückgelassen hatte, war das Boot so sehr überladen, daß es den Sturzseen unmöglich lange widerstehen konnte. Es drohte sich zu füllen und mußte unbedingt erleichtert werden, falls man seinem jähen Sinken vorbeugen wollte.

Zuerst wurde das Bettzeug über Bord geworfen, etwas später das Fleisch. Aber noch hatte der Nachen zu viel Tiefgang und die Notwendigkeit gebot, sich gleichfalls von dem größten Teil des Pemmikans zu trennen. Kurz darauf mußte man fast den ganzen Vorrat an Brot opfern.

Nun war alles Entbehrliche und vieles, was man schmerzlich vermißte, über Bord geworfen, allein nur wenig Gutes erwuchs daraus, denn der Seegang hatte zugenommen. Unaufhörlich mußte Wasser geschöpft werden, aber dessen Menge im Innern wollte sich nicht verringern. Beharrlich kämpften die Ruderer gegen Wind und Dünung; das Erscheinen des Packeissaumes verlieh ihnen neuen Mut und frische Kraft.

Es war spät am Abend, als man denselben erreichte; es zeigte sich viel Eis, aber lange mußte man suchen, ehe man eine Scholle fand, welche sich zum Lagerplatze eignete. Den Weibern und Kindern wurde das Boot als Nachtquartier angewiesen, während die Mannschaft in einem Zelte Schutz suchte, welches sie im Laufe des Winters aus altem Segeltuch verfertigt hatte.

Nach einer schlaflosen Nacht griffen die Schiffbrüchigen am Morgen des 2. April wieder zu den Riemen; denn während der unerquicklichen Rast war die Scholle in mehrere Stücke zerbrochen, sämtlich zu klein, um Sicherheit zu gewähren. Aber sie hatten kaum zwei Meilen zurückgelegt, als ein heftiger Südwind einsetzte, welcher zum Sturme wuchs. Das Boot hatte inzwischen ein Leck erhalten und mußte eiligst auf eine kleine Scholle gezogen werden. Es fuhr fort zu stürmen, die Nacht brach herein und verging unter ähnlichen Verhältnissen, wie die verflossene.

Mit Tagesanbruch begannen die Leute das beschädigte Boot auszubessern, was mehr als drei Stunden in Anspruch nahm. Gegen 9 Uhr machten sie dasselbe flott und flüchteten sich längs der Außenkante des Packeises nach Süden. Gegen 2 Uhr des Nachmittags wurden sie durch den Wind genötigt, die Schaluppe auf eine Scholle zu ziehen. Das Eis packte sich, – sie waren ringsum besetzt und hatten keine andere Wahl, als zu lagern. Es gelang nur mit Mühe, das Zelt zu errichten und zu befestigen, um es vor der Wucht des Sturmes zu schützen. In unmittelbarer Nähe zeigten sich mehrere Klappmützen. Die Eingeborenen erbeuteten ein junges Männchen, welches sowohl Nahrung als Feuerung lieferte, deren man dringend bedurfte.

Der 4. April verlief kaum besser als der vorhergehende Tag. Gegen 9 Uhr des Morgens gelang es den Schiffbrüchigen, sich aus den Fesseln des Eises zu befreien und das offene Wasser zu gewinnen. Abermals ruderten sie der Kante des Packeises entlang nach Süden. Sie mochten etwa zwei Stunden unterwegs gewesen sein, als ihnen Flarden und Schollen entgegentrieben und ihr Boot festklemmten. Ehe sie Zeit hatten, einen Lagerplatz zu suchen, waren sie aufs neue besetzt. Sie zogen das Boot auf die nächste Flarde und schlugen das Zelt auf. Nach einer Beobachtung Meyers befand sich diese neue Wohnung in 56° 47' nördlicher Breite. Das Plätzchen sah wenig einladend aus; doch man schätzte sich glücklich, es gefunden zu haben, denn es begann ungestüm aus Nordwesten zu wehen und von Osten her kam eine kurze wilde Dünung.

Als es zu dunkeln begann, brach das Unwetter mit verzweifelter Wucht los. Durch Norden sprang der Wind nach Nordost um, der Seegang wurde hohler und weiße Schaumflocken flogen in dichten Massen, gleich Schnee hinüber ins Lager. Nur wenig Schutz gewährte jetzt das leichte Zelt, dessen Bewohner zähneklappernd um die Lampe kauerten. Die Kinder weinten und die Frauen jammerten. Um dem allgemeinen Elend ein Ende zu machen, erbaute der unersetzliche Joseph ein Schneehaus, in dem man sich hätte behaglich fühlen können, wenn die rauschende Dünung nur minder stark gewesen wäre.

Es mochte etwa 5 Uhr des Morgens sein, als die Scholle in hohen Tönen zu knistern begann. Darauf folgte ein unheimliches Knacken; dann ein dumpfes Dröhnen, ein ungestümes Beben, ein lauter Krach – und das Eis war dicht bei dem Zelte geborsten. Eine kurze Pause, die darauf entstand, wurde durch ähnliche Laute unterbrochen wie vorher. – Die Scholle splitterte nochmals. Rasch wurde das Schneehaus geräumt, das Zelt abgebrochen und nach der Mitte des Eises geholt. Kaum hatte man die Kinder in Sicherheit gebracht, als ein weiteres Stück der Scholle sich ablöste; die Schneehütte stürzte ein und trieb mit dem Bruchstück hinweg.

Unter steigender Unruhe verfloß der Tag. Niemand wußte, wo die Scholle sich zunächst spalten würde; der nächste Augenblick schon konnte den Armen, die während sechs Monaten des Elends und der bittersten Täuschungen sich standhaft gehalten, ein kaltes Grab in der schäumenden Flut bereiten.

Die zunehmende Kälte veranlaßte Joseph, eine neue Schneehütte zu erbauen, denn das Zeltdach schützte kaum die Kleinen vor dem eisigen Winde. Während der Nacht eine Wache auszusetzen war insofern überflüssig, als alle wachten; niemand wagte es, sich dem Schlafe hinzugeben, dessen man so lange entbehrt hatte. Aus Nordosten schlug der Wind nach Nordwest um, ohne seine Stärke zu vermindern. Die Nacht war eine schreckliche; doch sie verfloß ohne weitere Gefahr.

Wieder wurde es Morgen – es war der 6. April – allein die Zustände wollten sich nicht bessern. Die See schwoll, das Eis wurde beweglicher, als es gewesen, und der Wind wuchs zum Orkane. Gegen Mittag bildete sich ein breiter Spalt, welcher die Hütte durchzog, die Joseph erbaut hatte. Von der Scholle war jetzt nur noch ein kleines Bruchstück übrig, aber dieses konnte man der heftigen Dünung wegen nicht verlassen.

Die Schiffbrüchigen legten ihre geringen Habseligkeiten in das Boot, in welchem alsdann die Weiber und Kinder Platz nahmen. Die übrigen hielten an den Seiten der Schaluppe Wacht, um dieselbe im entscheidenden Augenblick zu bemannen. – So verbrachten sie eine weitere Nacht.

Aber schlimmer noch als diese war der Tag, der ihr folgte. Um 6 Uhr des Morgens spaltete die Scholle sich abermals. Nur mit Mühe und unter der peinlichsten Gefahr vermochten die Leute sich auf das größte der beiden Stücke zu retten, wobei sie das kostbare Boot nahezu eingebüßt hätten. Sie besaßen jetzt weder Speck für die Lampe, noch Fleisch zum Essen; aber am meisten vermißten sie das Trinkwasser, denn der Schnee auf der sehr verkleinerten Scholle war durch die Sturzwellen vollständig brackisch geworden.

Gegen Mitternacht stieg der Tumult der Elemente am höchsten. Von der Scholle löste sich ein weiteres Stück, und auf diesem, an den Rand des Bootes geklammert, trieb Meyer hilflos hinweg. Bestürzt blickten die anderen ihm nach; ihm Hilfe zu leisten war unmöglich, und ihm allein konnte es nimmer gelingen, die Schaluppe zu regieren.

In dem Boote befand sich Josephs Kajak. Diesen setzte Meyer nun aus, in der Hoffnung, der Wind würde ihn einem der Eingeborenen in die Hände spielen. Aber das kleine Fahrzeug wurde nach einer anderen Richtung entführt und trieb schließlich in einem weitem Bogen wieder zu ihm zurück.

In diesem Augenblicke der höchsten Not bewiesen die Eskimo ihre Kaltblütigkeit und Aufopferung. Mit Hintansetzung ihrer Familien, das eigene Leben in die Schanze schlagend, bestiegen sie rasch entschlossen und wohlgemut, als gelte es eine Spazierfahrt, zwei Eisstücke, die gerade vorbeitrieben und ruderten mit den Schäften ihrer Speere zu dem hilflosen Menschen auf der Scholle.

Ängstlich blickten ihre Genossen ihnen nach; denn die beiden hatten heftig gegen den Wogendrang und die Eistrümmer zu kämpfen. Länger als eine Stunde arbeiteten sie standhaft mit starken Armen. Dann entschwanden sie den Blicken ihrer Gefährten; es begann zu schneien, die Flocken fielen, dichter und dichter und schwächer wurde die matte Dämmerung.

Um 3 Uhr des Morgens, als es tagte und das Schneegestöber aufhörte, zeigten sich Meyer und die Eingeborenen nebst dem Boote auf dem geborstenen Floß, in dessen Nähe der Kajak noch trieb. Die beiden Schollenstücke, etwa eine Meile voneinander entfernt, waren durch kleine Eistrümmer getrennt, welche sich auf den kurzen Wogen wiegten. Mit dem Reste der Mannschaft machte sich Tyson jetzt auf, um die Eskimo und Meyer zu erlösen und das Boot in Sicherheit zu bringen; nur zwei, welche zu zaghaft waren, blieben zurück. Alle langten glücklich, obschon völlig durchnäßt, drüben an; aber der Gang über die schaukelnden Trümmer hatte ihre Kräfte erschöpft.

Auf dem Rückwege gerieten Meyer und ein Matrose unter das Eis. Ersterer wäre ertrunken, wenn nicht der umsichtige Joseph, unter der Gefahr, seinen eigenen Halt zu verlieren, ihn hervorgezogen hätte. Nachdem das Boot gelandet war, fischten die Eingeborenen den noch treibenden Kajak auf. Erst spät am Nachmittag konnte man das Zelt errichten; alsdann erbaute Joseph eine neue Schneehütte.

Die Nacht verfloß ruhig; als man sich zur Ruhe begab, wurde eine Wache aufgestellt mit zweistündiger Ablösung; am folgenden Morgen fühlte sich jeder neu gestärkt durch den erquicklichen Schlaf.

Wieder begann es heftig zu wehen; doch der Himmel war klar und Meyer maß einige Sonnenhöhen, welche die Breite des Lagers in 55° 51' versetzten. Wind und Seegang nahmen gegen Abend zu. Eine hohe Sturzwelle zertrümmerte die Schneehütte und fegte Frau Hanne an den Rand der Scholle. – Josephs Behendigkeit und Geistesgegenwart retteten abermals ein Menschenleben.

Das Boot wurde beständig in Bereitschaft gehalten, um flottgemacht zu werden, falls die Lage sich noch verschlimmern sollte. Auf der ganzen Scholle befand sich nirgends mehr ein trockener Fleck. Ungestüm rollten die Wogen über das trügerische Floß; die Männer hielten sich an den Rändern der Schaluppe fest, in welche man, um sie schwerer zu machen, die Frauen mit den Kindern gesetzt hatte.

Erst nach Mitternacht wurde es ruhiger. Das Eis begann sich zu schließen, und die Leute schlugen das Zelt auf und warfen sich erschöpft in ihren nassen Kleidern auf das schlüpfrige, kalte Lager.

Günstiger verlief der folgende Tag, der 10. April. Der Himmel war gänzlich bezogen; es herrschte vollkommene Windstille, das Eis war fest gepackt und hielt die Schiffbrüchigen gefangen.

Ähnlich war es am 11. und 12. Während des ersteren Tages brüteten dichte Nebel über der nächsten Umgebung. Da sich eine Krähe zeigte, sowie mehrere kleine Landvögel, schloß man, daß die Küste nicht mehr fern sei; später kam ein Fuchs nach der Scholle, welcher sich dem Bereich von Josephs Büchse geschickt zu entziehen verstand. Nirgends war jetzt ein Seehund zu erblicken, und der Hunger meldete sich wieder so ungestüm wie zuvor. Als es am 12. klar wurde, machte Meyer eine Ortsbestimmung, welche die Breite auf 55° 33' setzte. Demnach war die tägliche Geschwindigkeit der Scholle auf etwa 5 Meilen gesunken, und das Land, welches man zu sehen gehofft, zeigte sich nicht.

Am 13., gegen 1 Uhr in der Frühe, wich das Eis auseinander; allein eine Stunde später hatte es sich wieder geschlossen. Vergebens suchte der schweifende Blick nun nach offenen Stellen; ringsum erhoben sich nur wüste Eistrümmer, von dem roten Scheine eines blitzenden Nordlichts bestrahlt. Um Mittag war die geographische Breite der Scholle um 12 Meilen geringer als tags zuvor. Ein kleiner Seehund tauchte ab und zu hinter einer Flarde empor, allein er blieb außer Schußnähe.

Unter beständiger Aufregung und den Qualen nagenden Hungers verflossen langsam fünf Tage. Inzwischen hatte man wohl einige Robben gesehen, sich ihnen aber nicht zu nähern vermocht. Als am Nachmittag des 18., etwa eine halbe Meile vom Lager entfernt, etwas offenes Wasser entstand, ging Joseph auf die Jagd und erlegte einen feisten Seehund. Etwas später zerstoben die dunklen Nebelbänke über dem Horizont im Südwesten. In deutlichen Umrissen zeigte sich endlich das ersehnte Land; allein die Aussichten, dasselbe zu erreichen, waren ungünstiger als je. Wieder stellten sich eine Krähe ein, sowie kleinere Vögel, und hoch in den Lüften zog ein Entenschwarm vorüber.

Unheilverkündend erhoben sich am folgenden Morgen schwarze Sturmwolken, welche von Nordwesten aus sich drohend über den Himmel verbreiteten. Der rasch zunehmende Seegang verkündete das Nahen des Windes, welcher, als es zu dunkeln begann, mit Sturmesstärke wütete; gegen neun Uhr tobte mit voller Wucht der Orkan und jagte zischende Sturzwellen über die Scholle, die sich wie ein Kreisel drehte. Das Zelt wurde umgerissen, und Joseph, der es zu halten versuchte, stürzte unter dem Schlag einer Woge zu Boden. – Was die Wellen nicht entführt hatten, brachte man eilig in dem Boote unter, in welchem die Weiber und Kinder wie zuvor Platz nehmen mußten.

Unter allen Schreckensnächten gebührte dieser die Krone. Furchtbarer denn je war die Empörung der Elemente; heftiger als während der verheerenden Winterstürme raste der entfesselte Orkan und hohler, als man sie je zuvor gesehen, wogte die See. Krampfhaft erfaßte jeder das Boot, welches man in der Mitte der splitternden Scholle verankert hatte, um ihm mehr Festigkeit zu verleihen. Trotz allem Kraftaufwand von seiten der Leute wurde dasselbe durch jede Sturzwelle nach dem Rande des Eisstücks geschleudert; oft nahte schon eine zweite, ehe man Zeit fand, es wieder zurückzuschieben. Jede folgende Woge schien wilder zu toben als die ihr vorangegangene; und eine jede entführte ein Stück der Scholle, auf deren schlüpfriger Oberfläche der Fuß kaum mehr einen Halt zu finden vermochte.

Die Arme der gepeinigten Männer erlahmten; und doch durfte keiner es wagen, das Fahrzeug loszulassen. Wer gewankt hätte, wäre unrettbar verloren gewesen. Mit Donnerlärm brandeten die Wogen um die Scholle und schauerlich heulte der Sturm. Die unheimlichen Stimmen erstickten sogar den Kommandoruf, trotzdem der Raum, auf welchem die Mannschaft stand, erschreckend klein war und sich ständig verringerte.

Mittlerweile war der Tag angebrochen; aber es währte noch mehrere Stunden, ehe Milderung eintrat. Gegen 7 Uhr splitterte die Scholle unter dem Boote; das kleinere Stück wurde von der Brandung entführt, welche zischend den Kiel des Fahrzeugs bedeckte und sich an den Körpern von vier Unglücklichen brach, die den Fußhalt verloren hatten und krampfhaft die Bootseite umklammerten. Halb schwebend mußten ihre Beine den Bewegungen der Wellen folgen, die sie ungestüm bald nach dieser Richtung rissen, bald nach jener, bis sie in einem günstigen Augenblick endlich erlöst werden konnten.

Auf der Scholle aber durfte man jetzt nicht länger verweilen; die Gefahr, welche dem Boote in der stürmischen Flut drohte, war nicht größer als hier, auf dem trügerischen Eisstück, welches bei seiner Kleinheit sich unter der Last der Menschen kaum mehr über die Wasserfläche erhob. Als in der Nähe eine größere Scholle erschien, wurde auf gut Glück das Boot flott gemacht. Der Koch, welcher über Bord fiel und einige starke Quetschwunden erhielt, konnte erst nach wiederholten vergeblichen Versuchen wieder aufgefischt werden.

Unendlich mühevoll war es, die Scholle zu erreichen; sie zu ersteigen noch schwieriger, da sie bald im Tal einer Welle schaukelte, bald gehoben, sich auf dem Kamm einer anderen wiegte. Unverdrossen folgten ihr die Männer mit dem Boote und bedienten mit ermüdeten Armen die Ruder, bis es endlich gelang, den Eisanker auszuwerfen. Aber noch hatten sie das gewagte Spiel nicht gewonnen; eine bange Stunde verfloß, ehe das Fahrzeug geborgen war.

Als es Abend wurde, hatte der Sturm zwar nachgelassen, nicht aber das Wogen der Brandung, welche sich noch immer schäumend an der Scholle brach. – Alle waren durchnäßt; niemand schlief. Fröstelnd und zähneklappernd verbrachten sie die Nacht.

Freundlicher gestaltete sich der kommende Tag, denn während der frühen Morgenstunden hatte sich das Eis geschlossen. Abwechselnd versuchten die Leute nun in dem Boote zu schlafen; aber der Frost und der nagende Hunger ließen sie die Ruhe, die sie suchten, nicht finden. Erst der sonnige Nachmittag schaffte etwas Linderung; die Kleidungsstücke wurden zum Trocknen ausgebreitet, ebenso das Zelt, welches man nicht aufschlagen konnte, da es hart gefroren war. Die Eingeborenen suchten nach Wild, doch alles Spähen erwies sich als umsonst.

Am 22. war die Witterung über alle Begriffe schlecht. Während der Nacht hatte es heftig geschneit; dann folgte Hagel und darauf ein erweichender Platzregen, welcher bis zum Nachmittag anhielt.

Der ganze Mundvorrat bestand nur noch in zwölf kleinen Stücken Schiffszwieback, und diese waren weidlich von Seewasser durchtränkt. Schon vor mehreren Tagen hatten sie den letzten

Rest des Pemmikans verzehrt und nun mußten sie wieder zu alten Lederfetzen und den Abfällen von einer der Robbenhäute greifen, um nicht Hungers zu sterben. Vor Erschöpfung konnte Meyer sich kaum mehr aufrecht halten; einigen der anderen erging es nicht viel besser, er jedoch schien am meisten zu leiden.

Dreimal schon hatte Joseph sich hinausgewagt über die schwankenden Eistrümmer und jedesmal war er mit leeren Händen zurückgekehrt. Von neuem aufbrechend, verirrte er sich im Nebel und fand nicht ohne Schwierigkeit seinen Weg zurück nach dem Boote.

Als der Nebel sank, erstieg er einen zerstückelten Eisberg. Da er nach den verschiedenen Täuschungen, die er erfahren, kaum erwartete, ein Stück Wild zu finden, hatte er sein Gewehr zurückgelassen.

Kaum drei Büchsenschüsse von ihm entfernt zeigte sich plötzlich ein Bär, welcher witternd den Kopf hob und alsdann auf ihn zukam. Rasch – so rasch die unsichere Bahn es zuließ – begab er sich nach dem Lager. Der Bär, inzwischen nahegekommen, machte halt und äugte aufmerksam nach dem Häuflein Menschen auf der Scholle. Die Eingeborenen geboten den anderen, sich platt aufs Eis niederzuwerfen und mit Kopf und Beinen die Bewegungen der Robbe nachzuahmen, um das Tier, welches sich vor dem Winde befand, womöglich zu täuschen.

Nun folgten Minuten der höchsten Spannung. Der Bär war mißtrauisch geworden und hatte sich abgewandt. Durch aufgeworfene Eishöcker gedeckt, schlichen Joseph und Hans ihm näher.

Das Wild kehrte zurück, machte ebenfalls halt, setzte dann seinen Weg wieder fort und trollte schnurstracks auf denjenigen der vermeintlichen Seehunde zu, welcher ihm am nächsten lag. Hinter einem Hummock geduckt, harrten seiner die Jäger. – Gleichzeitig fielen zwei Schüsse, und das Tier wälzte sich in seinem Blute.

Die Beute wurde von den halb verhungerten Menschen förmlich zerrissen. Erst nachdem sie an dem rohen Fleische sich etwas gesättigt hatten, begannen sie das Wild zu zerlegen und einzelne seiner Teile zu braten.

Trotz des Regens, der während der beiden folgenden Tage fiel, waren die Schiffbrüchigen aufgeräumt und guter Dinge; vielleicht mochten sie ahnen, daß die herbsten Schicksalsschläge überwunden seien. Zuweilen zeigte sich durch den Nebel in schwachen Umrissen das Land, doch immer nur auf kurze Zeit. Mitunter wich das Eis auseinander, aber die schmalen Wasserstraßen verschwanden wieder ebenso rasch, wie sie entstanden waren.

Am frühen Morgen des 25. wurde der Wind, welcher seither ohne Unterbrechung aus Nordosten geweht hatte, abermals zum Sturm. Strömende Regen und der Wogenschlag hatten an der Verkleinerung der Scholle, deren Festigkeit rasch abnahm, gewaltig gearbeitet. Ihre Ränder begannen zu knacken und zu bersten. Als gegen 5 Uhr die Dünung noch stärker wurde, als die alten Sturzwellen abermals über ihr zusammenschlugen, mußte man sich von neuem dem Boote anvertrauen, welches durch ein Leck übel zugerichtet war.

Die Schaluppe wurde notdürftig ausgebessert und flottgemacht. Allein wie zuvor, hatte man sie auch diesmal überladen, und die Leute waren genötigt, sich von ihren Mundvorräten zu trennen. Schweren Herzens warfen sie das Bärenfleisch über Bord. Nachdem sie unter den größten Anstrengungen acht Stunden gerudert hatten, versagten ihre Kräfte. Sie zogen das Boot auf eine größere Scholle und schlugen Lager; spät am Abend erlegte Joseph noch eine Robbe.

Kurz nach 6 Uhr am kommenden Morgen wurde die Fahrt fortgesetzt; aber zwei Stunden später fanden sie sich abermals vom Eise eingeschlossen. Sie zogen sich daher auf eine Flarde zurück und stopften das Leck der Schaluppe. Darauf begab sich die eine Hälfte der Mannschaft zur Ruhe, während die andere die durchnäßten Kleider zum Trocknen ausbreitete.

Der 27. war ein Sonntag. Während der Nacht hatte es zu schneien begonnen; erst gegen Mittag wurde es klarer. Meyer maß einige Höhen der Sonne, welche sich nur in undeutlichen Umrissen zeigte. Diese wenig verläßliche Bestimmung ergab 53° 30' als nördliche Breite. Weitab in südlicher Richtung erschienen dunkle Wasserstraßen; allein es war unmöglich, sie zu erreichen, da man das Boot nicht über die Eistrümmer zu ziehen vermochte. Gegen Abend verkündete die zunehmende Dünung abermals das Nahen eines Sturmes, welcher, als es zu dunkeln begann, mit voller Wucht aus Westen losbrach. Um Mitternacht war das Lager völlig überflutet; wieder begann es zu schneien und die Situation wurde überaus peinlich.

Da auch diese Scholle in Trümmer ging, wurde mit dem ersten Morgengrauen das Boot wieder flottgemacht. Erst um 6 Uhr gelang es, eine andere Flarde zu erreichen. Die Leute legten sich nieder, um jetzt endlich zu rasten; aber ihr Schlaf sollte nur von kurzer Dauer sein. Von der Wache geweckt, verließen sie eilig das Zelt. Dicht bei der Scholle waren drei Eisberge zusammengestoßen; einer derselben wurde gehoben und stürzte, als der Druck nachließ, mit Donnerlärm zurück in die See, deren Oberfläche er mit Trümmern bedeckte, wovon mehrere ins Lager flogen und die Scholle zu bersten drohten. Die Gefahr war groß und wurde dadurch noch erhöht, daß der Berg sein Gleichgewicht verlor, sich geräuschvoll überschlug und dann gerade auf die Scholle zutrieb, die kleineren Eistrümmer zermalmend, die ihn umringten.

Nur die schleunigste Flucht versprach Rettung. Rasch wurde das Boot bemannt und nach einer ausgedehnten Wake gerudert. Nach einiger Zeit verminderte sich der Seegang und Joseph erlegte drei junge Klappmützen. Das Eis wich auseinander, die Wasserstraßen wurden breiter und die gequälten Menschen konnten ihre Fahrt fortsetzen. Aber dichte Nebel engten ihren Gesichtskreis auf weniger als eine Schiffslänge ein, und sie mußten sich mit aller Vorsicht durch die verschlungenen Kanäle winden.

Langsam verfolgten sie einige Stunden ihren südlichen Kurs. Als der Nebel zerrann, erblickten sie in einer Entfernung von wenigen Meilen die Umrisse eines Dampfers.

Alle Sorge war nun vergessen; ihre Herzen schlugen höher und lauter Jubelruf erscholl.

Ihre Freude aber war verfrüht. Das Fahrzeug, welches zuvor auf sie zugesteuert war, änderte plötzlich seinen Kurs. Die Leute hißten ihre Flagge; sie lärmten und schrien und eröffneten ein Rottenfeuer. Ihre Rufe verhallten im Winde. Das Schiff wandte sich gänzlich von ihnen ab und lief dann aus Sicht.

Doppelt bitter empfanden die Eisfahrer, welche sich ihrer Rettung so nahe geglaubt, diese Enttäuschung. Mißmutig zogen sie das Boot abermals auf eine Scholle und schlugen ihr Zelt auf. Alle waren ermüdet und abgespannt, doch der Groll, den sie hegten, und die Aufregung hielten sie wach. Noch lange wälzten sie sich schlaflos auf ihrem kalten Lager, nur zuweilen verließen sie das Zelt und blickten erwartungsvoll nach der Richtung, in welcher das Schiff so unverhofft erschienen und verschwunden war.

Erst spät in der Nacht behauptete die Natur ihre Rechte und ließ sie ihr Leid vergessen. –

Kurz vor dem Beginn der Schneeschmelze herrscht in den größeren Häfen der Insel Neufundland ein reges Treiben. Aus der Tatenlosigkeit des Winters tritt die seemännische Bevölkerung des Eilandes in ein geschäftiges Leben: denn nun wird die Ausrüstung jener Schiffe begonnen, welche zum Robbenschlage bestimmt sind.

Seit die Neufundländer den Wert dieses Gewerbes kennengelernt, schwärmen ihre Segel alljährlich in der Nähe von Labradors Küste. Im Jahre 1807, als die ersten Anfänge gemacht wurden, belief sich die Zahl der Schiffe nur auf dreißig, fünfzig Jahre später dagegen nahezu auf vierhundert. Damals hatte dieses blutige Handwerk seinen Höhepunkt erreicht. An dem mörderischen Vernichtungskriege waren nicht weniger als 13 600 Menschen beteiligt, die während einer zweimonatigen Reise gegen 500 000 Robben erbeuteten, deren Wert sich zu jener Zeit auf die runde Summe von 425 000 Pfund Sterling belief. Aber es währte nicht lange, bis der Unternehmungsgeist gedämpft wurde; denn durch den rücksichtslosen Betrieb der Jagd hatten die zuvor zahlreichen Robbenherden sich so gewaltig vermindert, daß der Gewinn der Reeder ein überaus fraglicher wurde.

Als später die Trantiere wieder in größeren Mengen erschienen, entbrannte der erloschene Eifer der Neufundländer aufs neue; und während die neunzehn Schiffbrüchigen in der Nähe der Küste Labradors trieben, waren sie von mehr als hundert Schiffen umgeben, unter denen sich zwanzig stattliche Dampfer befanden. Auf einem geringen Umkreis waren nahezu achttausend Menschen verteilt; Menschen, welche denselben Unbilden der rauhen Witterung ausgesetzt waren, wie die Eisfahrer, jedoch unter verschiedenen Verhältnissen.

Wohl ist in günstigen Jahren der Gewinn des Robbenschlags ein ergiebiger, allein das Leben des Robbenschlägers ist, während er sein Gewerbe betreibt, wenig beneidenswert, reich mit Gefahren gewürzt, und sauer muß er sein Brot verdienen.

Wenn die frühen Märzorkane und die damit verbundenen Sturmfluten das Eis brechen, welches die Häfen von St. Johns, Catalina, Harbor Grace und der übrigen Robbenschlägerstationen deckt, lichten die Schiffe die Anker und stechen unverzüglich in See: denn nun setzen sich die Robben, um ihre Jungen zu werfen. Niemand weiß, woher sie kommen; niemand, wo sie sich während der letzten Monate vor ihrer Ankunft aufgehalten. Plötzlich erscheinen sie. – Aber nicht vereinzelt, nicht zu Hunderten – nein – nach Tausenden muß man sie zählen, denn dicht gedrängt bedecken sie meilenweit das Eis.

Gewohnheitsgemäß suchen die Muttertiere zu ihren Wurfplätzen große Felder aus, stark genug, um dem Sturm und dem Wogendrange zu widerstehen. Denn obschon überwiegend ein Wassertier, geht die junge Robbe unfehlbar zugrunde, wenn sie gezwungen wird, ihren Aufenthalt auf dem Trockenen vor der bestimmten Zeit gegen das Leben im Wasser zu vertauschen: ein altes Erbübel von ihren Vorfahren, welche das Licht der Welt auf dem Lande erblickten und auch dort ihre Tage beschlossen.

Diese Eigentümlichkeit der Tiere behält der Jäger stets im Auge. Es erfordert langjährige Übung und einen scharfen Blick, um den Ort ausfindig zu machen, wo die Robben sich gesetzt haben. Es hängt lediglich von der Beschaffenheit des Eises ab, ob die Tiere nahe an dessen

Außenkante lagern oder weiter von ihr entfernt. Liegt vor der Hauptmasse des Packs eine ausgedehnte Fläche jüngeren Eises, so wird diese von den Schiffen durchbrochen, denn hinter ihr erwartet der Jäger seine Beute zu treffen. Stößt er dagegen sogleich auf ältere Felder, so folgt er den Rändern, weil die Robben es lieben, halbinselartige Eiszungen aufzusuchen, von denen die Jungen später leicht nach dem Wasser gelangen können. Von dem ersten Scheine der Morgendämmerung bis zur sinkenden Nacht steht in dem Mastkorbe fortwährend eine Wache, welche, mit trefflichen Fernrohren versehen, aufmerksam das Eis untersucht. Trotz günstiger Anzeichen läßt sich zuweilen kaum eine Robbe blicken, und der Jäger verbringt den besten und größten Teil der Jahreszeit mit fruchtlosem Kreuzen. Nicht selten hängt die Ausgiebigkeit des Fangs sogar mehr von dem Zusammenwirken glücklicher Zufälle ab, als von dem Urteil und Scharfblick des Schiffsführers. So kann im Laufe weniger Tage ein Fahrzeug eine volle Ladung schlagen, während ein anderes, welches nur wenige Meilen von diesem entfernt war, völlig leer ausgeht oder nur eine geringe Beute macht. Oft wird ein Schiff vom Eise besetzt, und die Mannschaft erblickt in der Ferne die Robbenherden, ohne sich ihnen nähern zu können, und muß es ruhig über sich ergehen lassen, daß andere, denen das Glück günstiger ist, die Tiere erlegen.

Bei stürmischer Witterung suchen die Fahrzeuge meist inmitten des Packeises Schutz, wo der Seegang minder heftig ist, als vor dessen Kante. Dann ereignet es sich wohl, daß am nächsten Morgen, ohne daß abends eine Robbe sichtbar gewesen, die Schiffe von ihnen förmlich umlagert sind.

In solchen Fällen gilt es rasch und mit Umsicht zu handeln. Mit Ausnahme des Befehlshabers und einer geringen Besatzung greift nun ein jeder zu dem Robbenknüttel, einer festen Stange von etwa fünf Fuß Länge, welche an einem ihrer Enden einen schweren Doppelhammer trägt. Von wilder Mordlust erfüllt, zerstreuen sich Hunderte von Menschen nach allen Richtungen über das Eis, um mit jedem Schlage ein armes, wehrloses Geschöpf zu vernichten.

Die Tiere, gewöhnlich so scheu, daß es eines gewiegten Jägers bedarf, um sie zu schießen, und einer noch erfahreneren Hand, sie zu harpunieren, haben plötzlich, unter der Sorge um die Jungen, ihre Furcht gänzlich abgelegt und lassen sich widerstandslos töten. Nur in Ausnahmefällen, wenn das Kleine zu klagen beginnt, wobei es Laute ausstößt, welche dem Blöken eines Lammes oder dem Schreien eines Kindes gleichen, verteidigt die Mutter ihre Brut mit wilder Verzweiflung. Sie beißt wütend um sich, sie kratzt und läßt es sogar nicht an vergeblichen Versuchen fehlen, den Jäger in die Flucht zu schlagen.

Dieser jedoch kennt kein Erbarmen. Er wird nur von Gewinnsucht geleitet, welche ihn blind macht für die Leiden der armen Geschöpfe und seinen Blicken die Schärfe des Fernrohrs verleiht, daß er die Beute selbst dann noch erspäht, wenn sie weit entfernt von ihm ist und sich nur als dunkler Punkt an dem eisigen Horizonte zeigt.

Nicht ohne den tiefsten Abscheu zu empfinden, kann man dieser unweidmännischen Jagd zuschauen, welche diesen Namen kaum mehr verdient: denn sie ist niedriger als niedrigste Aasjägerei, in einem Maße ausgeführt, welches Grauen erregt. Bis auf wenige Schritte nähert sich der Jäger dem Muttertiere, welches, langsam das Haupt erhebend, ihn mit großen, glanzvollen Äugen wehmütig anschaut. Sein Blick ist zweifellos menschenähnlich. Wer diesen Ausdruck in dem Antlitz eines Menschen gewahrte, würde zurückschrecken vor der unendlich tiefen Seelenqual, die sich mit grausamer Deutlichkeit darin spiegelt.

Ihn jedoch rührt dieses Augenpaar nicht, von welchem die Sage meldet, daß es Tränen der Wehmut vergieße. Fester nur faßt er die Mordwaffe, erhebt sie alsdann zu wuchtigem Schlage und zerschmettert den Schädel seines Opfers. Dieses zuckt im grimmen Todeskampfe oder sucht, wenn nur schlecht getroffen, mit ungelenken Bewegungen sich durch die Flucht seinem Verfolger zu entziehen. Er aber wendet nur die Waffe, erhebt sie abermals und schlägt die scharfe Spitze des Hammers in den Rücken des gequälten Tieres. Und es so zum Halt bringend, erhält es einen zweiten Schlag auf den Schädel und einen dritten, bis dieser zertrümmert ist. In diesem Moment, unter doppelten Schmerzen, bringt die Mutter häufig ihr Junges zur Welt. Und das Tierchen, welches kaum die Luft geatmet, die es umgibt, kaum das Licht geschaut, dessen

Strahl sich zitternd an den Eisbauten bricht, stirbt im Augenblick, da es ins Leben tritt, während das Pochen seines Herzens fast noch geleitet wird von den Schlägen des rasch erlahmenden Mutterherzens. Ein Fußtritt auf das noch weiche Haupt bereitet ihm gewöhnlich ein rasches Ende; nur selten bedient sich der Schlächter des Hammers, dessen Handhabung mehr Kraft und Zeit verlangt, als das Heben des Fußes. Nicht umsonst darf er sich Ermüdungen aussetzen; nicht nutzlos seine Zeit vergeuden: denn viel blutige Arbeit harrt seiner noch.

So rasch er zum Schlage ausholen kann, so oft erlegt er eine Robbe, wenn er richtig geführt war. Und er steht nicht allein in diesem grausamen Vernichtungskriege, denn in derselben Weise wie er wüten seine zahlreichen Genossen. Jeder einzelne kann im Laufe einer Minute drei bis fünf dieser Tiere erlegen; und die Anzahl der Minuten ist beträchtlich in einer Stunde, lang ist der Tag unter jenen Breiten, und ehe es dunkelt, nimmt das Morden kein Ende. Das Eis ist blutgetränkt wie ein Schlachtfeld; der Schnee meilenweit gerötet von den Fußtritten der Schlächter, welche mit dem Anbruch der Nacht nach dem Schiffe zurückkehren, dessen Führer, das Fernrohr in der Hand, dem grauenvollen Gemetzel in allen seinen Bewegungen folgte.

Zu umfangreichen Haufen getürmt, bedeckt die regungslose Beute die Umgebung. Diese aber ist eine trügerische. Ein leichter Wind kann das Eis in Gang bringen, eine hohe Flut die Felder zertrümmern – und dann sind Tausende armer Geschöpfe zwecklos gemordet und verfallen dem Meere, dem sie entstammen.

Nur allzuhäufig schlägt die Mannschaft eines Schiffes mehr Robben, als dieses zu fassen vermag. Um das Eigentumsrecht anderen Fahrzeugen gegenüber zu wahren, wird in solchen Fällen ein Wimpel mit des Schiffes Flaggennummer auf den Leichenhügel gepflanzt. Aber oft werden diese Zeichen vom Winde verweht und ein anderes Schiff nimmt Besitz von den Tieren.

Mitunter bemächtigen sich ihrer sogar die Bewohner der Küste. So wurden von der Bevölkerung Bonavistas, in der Nähe des Gebirges, welches den gleichen Namen trägt, im Frühling 1872 gegen fünftausend Robben in Beschlag genommen, welche mit dem Eis ans Ufer trieben. Des Abends noch hatte auf jedem Leichenhügel – und es waren ihrer dreizehn – der übliche Wimpel geweht, in der Nacht wurden mehrere der Flaggen vom Winde entführt, und am folgenden Morgen eilten die Landbewohner hinaus, um die wertvolle Beute in Sicherheit zu bringen. Einige Tage später zeigten sich weitere Robbenhaufen, welche bisher unter den Schollen begraben gewesen; doch die Tiere waren bereits in Fäulnis übergegangen und infolgedessen unbrauchbar.

Können die Robbenschläger, wenn sie eine größere Anzahl von Tieren erlegt haben, unbehindert in deren Besitz gelangen, so schreiten sie bei Tagesanbruch sofort zum Streifen der Beute.

Wieder eilt die Mannschaft aufs Eis, doch jetzt trägt ein jeder statt des Knüttels, nach Art unserer Fleischer, ein Messer nebst einem Stahle im Gürtel, und mit ungeschwächtem Eifer wird die Schlachtarbeit nun fortgesetzt.

Die Tiere werden der Reihe nach auf den Rücken gelegt; darauf führt der Schlächter einen langen Schnitt vom Halse nach der Schwanzwurzel und einige weitere um den Kopf und die Extremitäten. Ein paar gewandte Bewegungen der Hand und des Messers trennen das Fell, nebst dem Fettpolster, welches diesem anhaftet, von der Unterseite des Körpers, der alsdann umgedreht wird, um gleichfalls über den Rücken abgezogen zu werden. Nachdem eine genügende Anzahl gestreift ist, schafft ein Teil der Mannschaft die Felle an Bord. Etwa drei oder vier derselben – je nach der Körperkraft des Mannes – werden an einen Riemen gekoppelt und nach dem Schiffe geschleift, in dessen Räumen sie alsdann verstaut werden: Fettseite auf Haarseite geschichtet, um das flüssig werdende Fett zwischen den Häuten zurückzuhalten.

Ihre weitere Zubereitung erfolgt erst nach der Rückkehr der Fahrzeuge nach ihrem Bestimmungsorte, welcher gewöhnlich derselbe Hafen ist, den sie verließen. Sobald das Schiff vor Anker liegt, beginnt das Löschen der Ladung. Ihre Haarseiten nach unten gekehrt, breitet man die Felle nun auf kleinen Tischen aus, deren Oberflächen leicht geneigt sind. Zum Entfernen der Specklage bedient sich der Arbeiter einer langen Klinge, welche sich am besten mit einem türkischen Krummschwert vergleichen läßt. Den Speck mit der Linken erfassend, trennt er diesen mit wenigen Schnitten von seiner Unterlage. Ohne Anstrengung kann ein geübter Arbeiter im Laufe einer Stunde fünfunddreißig bis vierzig dieser Felle reinigen, welche darauf mit Salz abwechselnd geschichtet werden, wodurch sie eine unvollkommene Gerbung erfahren. Nach drei bis vier Wochen ist diese soweit erfolgt, daß die Häute verschickt werden können.

Behufs der Trangewinnung wurde in früheren Zeiten der Speck über freien Feuern in großen Kesseln aus Eisen oder Kupfer ausgebrannt; jetzt aber bedient man sich hierzu entweder des überhitzten Wasserdampfes oder der Sonnenwärme. Durch die Anwendung des ersteren erfolgt die Absonderung des flüssigen Fettes nicht nur bedeutend rascher, als auf die alte Weise, sondern der gewonnene Tran ist außerdem besser: sein Geruch ist minder stark und er soll größere Leuchtkraft besitzen und weniger rußen.

Der Speck junger Robben wird höher geschätzt als der alter Tiere, weil bei diesen die Rückstände der Bindegewebeteile beträchtlicher sind als bei jenen. Die Gehälter, welche die Führer von Robbenschlägern und deren Mannschaft erhalten, sind keine festen, sondern sie richten sich nach der Ausgiebigkeit des Fanges und den Marktpreisen der Beute. Ein Drittel des Wertes der gesamten Ladung fällt auf die Mannschaft; der Rest dagegen gehört dem Reeder, welcher dem Führer des Schiffes eine Prämie bezahlt, deren Höhe von der Anzahl der Felle abhängt. Auf diese Weise erhält der Eigentümer des Schiffes den größten Teil des Gewinns; denn er ist der einzige der Gesellschaft, den wirkliche pekuniäre Verluste bedrohen. Ihm liegt nicht nur die Ausrüstung des Schiffes ob, sondern auch dessen Verproviantierung; die Besatzung findet während der Dauer der Reise ihren Tisch stets gedeckt und verliert in Mißjahren höchstens einen imaginären Arbeitslohn.

Nicht selten schlägt ein Schiff im Laufe von vierzehn Tagen oder drei Wochen eine volle Ladung und kann alsdann eine zweite Reise unternehmen, welche oft nicht minder ergiebig ist als die erste. Manche der Fahrzeuge gehen mitunter fast leer aus oder fallen dem Eise zum Opfer. So verließ die Brigg »Confederate« im Frühling 1871 die Reede von Harbor Grace und wurde alsdann von schweren Eisfeldern in die Bucht von Bonavista gedrängt, woselbst sie auf Grund geriet. Während zehn Tagen – so berichtete damals die Zeitung von St. Johns – war die Lage des Eises eine so dichte, daß in dem ganzen Umkreise des Fahrzeugs sich nirgends die kleinste Wake zeigte. Nach Verlauf dieser Zeit begannen die Felder auseinanderzuweichen; aber wenige Stunden später war das Wasser wieder verschwunden; die Schollen bedrängten das Schiff und schraubten sich unter dessen Kiel. Niemand ahnte ein Arg, bis die unteren Räume unter Wasser standen, welches so rasch stieg, daß die Besatzung genötigt war, nach dem nahen Ufer zu flüchten.

Dieses ist einer der zahlreichen Unfälle, wie sie sich fast alljährlich ereignen und welchen die Dampfer in höherem Grade ausgesetzt zu sein scheinen als die Segelschiffe, deren Bauart den Eisverhältnissen besser entspricht. Größere Verluste an Menschenleben gehören glücklicherweise zu den Seltenheiten. Denn die Mannschaft eines beschädigten Fahrzeugs kann im Falle der Not gewöhnlich die Küste erreichen.

Wenn in den ersten Tagen des März westliche Winde wehen, so setzt das Packeis ausnahmslos seewärts und die Schiffe können nun leicht nach den festliegenden Feldern in die Nähe des Ufers gelangen. Tritt dann aber Windstille ein, so sinkt die Temperatur meist so tief, daß das Meer sich mit jungem Eise bedeckt, welches die Fahrzeuge festhält. Wenn sie nach längerer Gefangenschaft endlich freiwerden, machen diese dann selten eine erfolgreiche Reise; denn mit der vorrückenden Jahreszeit verlassen die Robben das Eis und sind, ihrer zunehmenden Wachsamkeit wegen, schwer zu erbeuten.

Dadurch wird die Jagd zu einer edleren; der Jäger findet kaum mehr Gelegenheit, von seinem mörderischen Knüttel Gebrauch zu machen, und es ist die freie Kugel, welche das Ziel entweder erreicht oder fehlt.

Das Schiff, welches sich von den Schiffbrüchigen so schnöde abgewandt hatte, war einer der Neufundländer Robbenschläger. Als er am nächsten Tage abermals in Sicht lief, machten die Leute schleunigst ihr Boot flott und ruderten auf ihn zu. Nachdem sie länger als zwei Stunden erfolgreich gegen das Eis gekämpft hatten, schloß sich dieses und hielt sie besetzt. Ihr Boot lag wie festgebannt; alle Anstrengungen, dasselbe zu befreien, blieben erfolglos.

Sie erklommen einen der höchsten Hummocks ihrer Umgebung, hißten die Flagge und gaben drei Salven ab, welche der Dampfer durch die gleiche Anzahl Böllerschüsse erwiderte. – Er wendete und schien alsdann auf sie zuzusteuern. – Von Norden änderte er seinen Kurs nach Osten; von Osten nach Westen, darauf nach Südwesten, aber durch das Eis aufgehalten, konnte er ihnen nicht nahe kommen.

Nochmals feuerten sie drei Salven, doch keine Antwort erfolgte. Bis zum späten Nachmittag blieb das Fahrzeug in ihrer Nähe, dann entquollen dichte Rauchwolken seinem Schlote und eine Stunde später war es außer Sicht.

Unverwandten Auges starrten die Schiffbrüchigen nach dem schwarzen Qualm, der sich am fernen Horizonte kräuselte; ein leichter Westwind verwischte seine letzte Spur.

In der entgegengesetzten Richtung, welche der Dampfer eingeschlagen hatte, erschien etwas später ein zweites Schiff; allein auch dieses brachte ihnen nicht die Erlösung, auf die sie gehofft.

Als die Sonne sank, zeigte sich im Südwesten als verschwommene dunkle Silhouette das Land. Der Tag ging zu Ende, und die schwer geprüften Menschen, sahen sich um eine weitere Hoffnung betrogen. Allein sie gaben das Spiel noch nicht verloren. Ehe sie sich niederlegten, wurde eine Wache ausgestellt, welche mit dem Speck der erlegten Seehunde mehrere Notfeuer unterhielt.

Nur matt schimmerten diese Brände durch den dichten Nebel, der sich auf das Meer senkte; allein sie wurden von dem wachsamen Auge eines Schiffsführers bemerkt, welcher an der Eiskante kreuzte.

Ein Unglück ahnend, hielt er die Nacht über dicht bei den flackernden Lichtflecken; und als am Morgen des 30. April der Nebel sich zerteilte, erblickten die Eisfahrer in ihrer unmittelbaren Nähe einen Dampfer.

Aus Furcht, daß auch dieses Schiff sich von ihnen abwenden würde, ruderte Hans in seinem Kajak auf dasselbe zu. Allein das Fahrzeug dampfte ohnedies langsam nach ihrer Scholle. Als es in Sprechweite kam, feuerten die Leute einen Salut, hißten die Flagge und riefen freudig: Hurra!

Drüben kletterte die Mannschaft alsbald in die Wanten und erwiderte den Gruß; dann wurden zwei Boote ausgesetzt, um die Schiffbrüchigen aufzunehmen. Aber diese machten ihre eigene Schaluppe flott, welche bisher sie so treu getragen hatte, und strebten hastigen Ruderschlags dem Fahrzeuge entgegen.

Dieses Schiff, die »Tigerin«, war gleichfalls ein Neufundländer Robbenschläger aus Conception-Bay; sein Befehlshaber, Kapitän *Bartlett*, ein biederer alter Seemann.

Die Gefühle, welche die Herzen der Schiffbrüchigen durchstürmten, als sie das Verdeck des rettenden Fahrzeuges betraten, können wohl verstanden und nachempfunden, aber nicht geschildert werden. Während hundertsechsundneunzig langen Tagen war ihr Leben beständig bedroht gewesen, und jetzt – jetzt waren sie endlich in Sicherheit.

Als sie die Leute mit den Erlebnissen ihrer grauenvollen Fahrt bekanntmachten, hörten diese fast ungläubig zu und waren geneigt, es für unmöglich zu halten, daß Wesen aus Fleisch und Blut solchen Gefahren getrotzt haben sollten. Die Erzählung der zerlumpten Menschen klang wie ein Märchen, wie ein schreckliches Märchen, aus dessen Einzelheiten, in fast endloser Wiederholung, Tod und Verderben sprachen. – Selbst die abgehärteten Robbenschläger überlief ein leiser Schauder. Sie priesen die Standhaftigkeit der Männer, bewunderten den Heldenmut der Frauen und bemitleideten die armen Kleinen, die in ihren jungen Jahren schon das Elend und die Schrecken eines Menschenlebens gesehen.

Für alle wurde aufs beste gesorgt. Der wackere Schiffer lud Tyson und Meyer ein, mit ihm seine Kajüte zu teilen, während die Leute sich der Mannschaft, sowie der Frauen und Kinder annahmen, welche vorläufig ein Unterkommen im Volksraum fanden.

Da der Führer der »Tigerin« noch einige Wochen auf See zuzubringen gedachte, mußten die Geretteten ihre Ungeduld, das Land zu betreten, noch etwas zügeln. Als das Schiff sie aufnahm, befand es sich in der Nähe von Grady-Harbor, an der Küste Labradors, in 53° 25' nördlicher Breite; jetzt richtete es seinen Kurs nach Norden, um den flüchtigen Robbenherden zu folgen.

Am nächsten Tage, am 1. Mai, liefen einige Dampfer in Sicht. Einer der Schiffer, welchen der biedere Bartlett während der Nacht gesprochen hatte, kam an Bord der »Tigerin«, und bald darauf war der größte Teil der Robbenschlägerflotte mit den Schicksalen der Expedition bekannt.

Mit der Ruhe, welche den erlittenen Strapazen folgte, machte sich bei den Leuten die Reaktion geltend. Jedermann, mit Ausnahme von Joseph und Hans, war mehr oder weniger angegriffen. Bei einigen der Matrosen zeigten sich skorbutische Symptome; fast alle litten an Rheumatismus, Meyer, dessen erfrorene Hände ihm obendrein noch große Schmerzen verursachten, befand sich in einem bedenklichen Zustande.

Während des 3. stürmte es so heftig aus Nordwesten, daß die »Tigerin« das Packeis aufsuchte, um der wilden Dünung zu entfliehen. Gegen Abend wurde sie besetzt. Dann erfolgten die Pressungen so wuchtig, daß das Fahrzeug in allen Fugen krachte; allein es war von starkem Bau und hielt den ungestümen Andrang aus, ohne Schaden zu leiden.

Erst am Morgen des 5. wurde das Schiff wieder frei. Gleichzeitig signalisierten die Wachen einige Robbenherden, welche in einer Entfernung von fünf bis sechs Meilen auf den Eisfeldern lagerten. Sofort waren mehr als hundert Menschen bereit, die Jagd zu beginnen; über die schaukelnden Trümmer eilten sie auf die harmlosen Tiere zu.

Nach Sonnenuntergang kehrte die Mannschaft zurück. Sie hatte zwischen sieben-und achthundert Seehunde erlegt, dieselben auf drei Hügel verteilt und mit der üblichen Flagge versehen, um am nächsten Morgen das Streifen zu beginnen. Allein sie hatten dabei nicht auf die Bedürfnisse anderer Rücksicht genommen. Als sie bei Tagesanbruch an Ort und Stelle eilten, um ihre Beute heimzubringen, waren nur wenige der Robben übrig. Trotz der Flaggen hatte sich die Mannschaft eines anderen Fahrzeugs die erlegten Tiere angeeignet und sich in Nacht und Nebel davongemacht. Ein zurückgelassener Knüttel, dessen Stiel den Namen eines anderen Schiffes trug, verriet die Missetäter, welche später vor Gericht gezogen werden sollten.

Da inzwischen eine steife Brise aufgezogen war, versuchte der Befehlshaber der »Tigerin« das Eis zu durchbrechen, um die Beute nebst den übriggebliebenen Fellen an Bord zu nehmen, was ihm nach vielen vergeblichen Anläufen endlich gelang. Der Rest des Tages verging mit erfolglosem Suchen; nirgends zeigte sich eine Robbe; der beste Teil der Jahreszeit war jedenfalls verflossen. Da am folgenden Tage die Aussichten sich nicht gebessert hatten und es außerdem wieder zu stürmen begann, beschloß der Schiffer, sich auf die Rückfahrt zu machen. Einer der Dampfkessel hatte schon vor mehreren Tagen zu lecken begonnen. Dieser Schaden wurde jetzt so bedenklich, daß die »Tigerin« die Geschwindigkeit ihres Laufs um die Hälfte vermindern mußte, und später geboten die Verhältnisse, die Maschine gänzlich zum Stillstand zu bringen. Bei dem heftigen Seegang wurde dadurch die Fahrt zu einer überaus langsamen, und die Schiffbrüchigen konnten ihre Ungeduld, das feste Land zu betreten, kaum zügeln.

Der zunehmende Sturm kam ihrem Verlangen zu Hilfe; am 8. Mai ging das Fahrzeug in Bay Roberts vor Anker, um den Orkan austoben zu lassen.

Damit waren alle Fährlichkeiten der Reise überstanden. Die Leute wurden von den Bewohnern des kleinen Orts, wo Kapitän Bartlett zu Hause war, mit Jubel aufgenommen; und als der Dampfer »Walroß« am folgenden Tage den Hafen von St. Johns anlief, um seine Ladung zu löschen, machte dessen Führer den Konsul der Vereinigten Staaten mit den Schicksalen der Expedition bekannt.

Noch an demselben Tage war in den Abendzeitungen der größeren Städte Nordamerikas das folgende Telegramm zu lesen, dessen fehlerhafte Abfassung in der Eigentümlichkeit des Vorfalls eine schwache Entschuldigung finden dürfte. Diese Nachricht lautete:

St. Johns, Neufundland, den 9. Mai 1873.

> An den Staatsminister, Washington, D. C.
> Robbenschläger »Walroß« soeben eingelaufen; berichtet, daß Dampfer »Tigerin«
> 15 der Mannschaft und 5 Eskimo des Vereinigten Staaten-Dampfers »Polaris« in der

Nähe von Grady Harbor, Labrador, am 30. April, auf dem Eise fand und aufnahm. Kapitän Hall starb letzten Sommer. »Tigerin« stündlich erwartet. Werde weitere Details mitteilen.

F. N. Mo

lloy, Konsul der Vereinigten Staaten.

Obschon diesem Telegramm einige weitere folgten, so waren dieselben doch nicht imstande, den ganzen Sachverhalt klar darzubringen, und die Aufregung wuchs daher von Stunde zu Stunde. Durch die Bemühungen des Marineministeriums, derjenigen Behörde, welcher die Expedition allein Rechenschaft schuldig war, wurden die verschiedenen Zweifel jedoch bald gelöst und der Nimbus beseitigt, mit welchem die Presse bemüht gewesen, das Ereignis zu umgeben.

Inzwischen hatten die Eisfahrer unter den wirtlichen Dächern der Neufundländer angenehme Tage verlebt. Um 8 Uhr, am Morgen des 12., verließ die »Tigerin« den Hafen von Bay Roberts, dampfte, von dem herrlichsten Wetter begünstigt, um die gebirgige Landzunge, deren nördlichsten Punkt das gefürchtete Kap St. Francis bildet, und langte zwölf Stunden später in St. Johns an.

Mehr als die halbe Einwohnerschaft der Hauptstadt war am Strande versammelt, denn jeder wollte die Leute sehen, welche die abenteuerliche Eisfahrt gemacht hatten. Nachdem die erste Aufwallung der Neugierde befriedigt war, wurden die Matrosen, die Frauen und Kinder im Triumphzuge durch die engen Gassen nach ihrer Wohnung geführt, welche der Konsul für sie ausersehen hatte. Nur Meyer und Tyson blieben an Bord zurück, um die Ankunft eines Schneiders zu erwarten.

www.ingramcontent.com/pod-product-compliance
Lightning Source LLC
LaVergne TN
LVHW021016200726

843506LV00012B/2366